THIAGO GODOY

DINHEIRO EM FAMÍLIA

21 PASSOS PARA TRANSFORMAR SUAS FINANÇAS E VIVER EM PAZ COM QUEM VOCÊ AMA

CB125037

Gente editora

Diretora
Rosely Boschini
Diretora Editorial
Joyce Moysés
Editora Sênior
Audrya Oliveira
Assistente Editorial
Camila Gabarrão
Produção Gráfica
Leandro Kulaif
Preparação
Débora Spanamberg Wink
Capa
Caio Duarte Capri
Projeto Gráfico
Márcia Matos
Vivian Oliveira
Diagramação
Vivian Oliveira
Revisão
Vero Verbo Serviços Editoriais
Andresa Vidal
Impressão
Grafilar

CARO(A) LEITOR(A),
Queremos saber sua opinião sobre nossos livros.
Após a leitura, siga-nos no **linkedin.com/company/editora-gente**, no TikTok **@editoragente** e no Instagram **@editoragente**, e visite-nos no site **www.editoragente.com.br**. Cadastre-se e contribua com sugestões, críticas ou elogios.

Copyright © 2025 by Thiago Godoy
Todos os direitos desta edição
são reservados à Editora Gente.
R. Dep. Lacerda Franco, 300 – Pinheiros
São Paulo, SP– CEP 05418-000
Telefone: (11) 3670-2500
Site: www.editoragente.com.br
E-mail: gente@editoragente.com.br

Dados Internacionais de Catalogação na Publicação (CIP)
Angélica Ilacqua CRB-8/7057

Godoy, Thiago
Dinheiro em família : 21 passos para transformar suas finanças e viver em paz com quem você ama / Thiago Godoy. - São Paulo : Editora Gente, 2025.
208 p.

Bibliografia

ISBN 978-65-5544-654-8

1. Finanças pessoais 2. Família – Economia I. Título

25-3765 CDD 332.024

Índices para catálogo sistemático:
1. Finanças pessoais

NOTA DA PUBLISHER

Independente da idade, profissão ou classe social, há temas que atravessam todas as famílias e que têm grande impacto em sua dinâmica. Dinheiro é um dos mais relevantes. Por mais que esteja presente nas decisões diárias e nos grandes sonhos, falar sobre dinheiro dentro de casa continua sendo um tabu em muitas famílias, e é justamente nesse silêncio que nascem os conflitos, as dívidas e a insegurança que podem comprometer não só a saúde financeira, mas também a harmonia do casal e o futuro dos filhos.

Eu acredito fortemente que educação financeira deveria ser ensinada desde a primeira infância, dentro de casa, nas escolas, mas sabemos que não é a realidade e, por isso, é tão importante que tenhamos alguém como o Thiago, disposto a orientar e guiar tantas pessoas que não tiveram a chance de aprender verdadeiramente a se relacionar com o dinheiro. O Thiago é um expert em educação financeira com foco no público brasileiro: no seu mestrado pela FGV, estudou 400 famílias endividadas para entender as origens comportamentais e emocionais do desequilíbrio financeiro. Fundador da Papai Financeiro e do projeto Dinheiro em Família, ele é uma daquelas pessoas apaixonadas em ajudar os outros. Mais de 10 mil pessoas já passaram por seus treinamentos, e sua atuação vai desde palestras a cursos, consultorias, colunas em revistas e livros. Ou seja, ele entende profundamente a maneira cultural e emocional com que lidamos com o dinheiro.

Agora, em seu novo livro, Thiago propõe uma transformação que começa na raiz do problema financeiro de grande parte das famílias: quando dinheiro é visto como um assunto técnico e complicado, algo a ser evitado. Sua atuação está exatamente nessa virada, simplificando o dinheiro, trazendo o tema para dentro da cultura familiar, algo a ser tratado com clareza, afeto e propósito.

Essa abordagem me tocou profundamente, e tenho certeza de que vai gerar uma nova realidade para quem colocar esse método em prática. Ao longo destas páginas, você vai descobrir como alinhar expectativas com o parceiro, definir metas realistas, ensinar hábitos saudáveis aos filhos e construir um legado que vai muito além de bens materiais. Mais do que aprender a administrar dinheiro, você aprenderá a criar um ambiente onde ele seja aliado da liberdade, da segurança e da harmonia.

Portanto, se você deseja que a sua família converse mais, brigue menos e viva com mais leveza, este livro é o convite perfeito para começar. Leia, aplique, converse. Os frutos dessa escolha serão sentidos não apenas na sua conta bancária, mas no coração de todos que você ama.

ROSELY BOSCHINI
CEO e Publisher da Editora Gente

À Marilia e a Luiz, a família de onde eu vim.

À Izabella, à Angelina e ao Antonio,
a família que vem de mim.

AGRADECIMENTOS

A jornada de escrever um livro nunca é fácil. Entretanto, quando chega o segundo, já sabemos um pouco mais o que nos espera. É como ter um segundo filho: não existem menos desafios, eles são apenas diferentes.

Curiosamente, ou talvez não por acaso, escrevi este livro no mesmo período em que nossa família se preparava para receber o nosso segundo filho. Assim como na vida, escrever também exige espera, cuidado, entrega e confiança de que algo especial nascerá no tempo certo.

Agradeço profundamente à família que vem de mim, que me inspira diariamente a sonhar, a construir e a dar sentido a cada passo da minha jornada: Izabella, minha parceira de vida e de sonhos, que caminha comigo em todas as etapas desta jornada, com amor, paciência e coragem, e Angelina e Antonio. À equipe da Papai Financeiro, que me apoia todos os dias para que ideias se transformem em impacto real.

Sou grato também às inúmeras famílias que participaram dos nossos cursos e mentorias. Cada história compartilhada foi um lembrete de que não escrevemos apenas sobre números, e sim sobre vidas, emoções e escolhas que constroem legados.

Este livro nasce do encontro entre a minha história e a de tantas famílias que confiaram em abrir suas vidas para mim.

Agradeço também a todos aqueles que, de diferentes formas, contribuíram com apoio, incentivo, aprendizados e parcerias ao longo do caminho.

E um agradecimento especial à Associação Brasileira das Entidades Fechadas de Previdência Complementar (ABRAPP), pela parceria fundamental na concretização deste livro.

É para todos vocês que dedico estas páginas, na esperança de que cada palavra possa inspirar, transformar e aproximar ainda mais os laços de amor e prosperidade dentro de cada lar.

SUMÁRIO

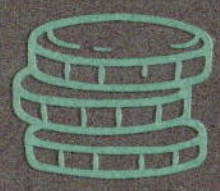

PREFÁCIO

"Não peça aos seus filhos
para lutarem por vidas extraordinárias.
Essa luta pode parecer admirável,
mas é o caminho para a tolice.
Ensinem a procurar o maravilhoso
e o extraordinário na vida cotidiana.
Mostrem o prazer de provar
tomate, maçãs e peras.
Ensinem a chorar
quando os animais e as pessoas morrem.
Revelem o infinito prazer
de simplesmente dar as mãos.
Permitam que o ordinário ganhe vida nas mãos deles.
E o extraordinário encontrará seu próprio caminho."

William Martin[1]

Quando eu tinha uns 11 anos, estudei com um garoto chamado Paulo, que ganhava um presente caro da mãe dele toda vez que tirava nota acima de 7. Camiseta de time de futebol, jogo de videogame, bola nova, skate, pogobol, boneco dos Comandos em Ação (só quem viveu sabe) etc. Não estou dizendo que ele tirava notas boas – ele raramente conseguia uma nota 8 – mas, para a mãe, era importante dar presentes toda vez que ele tirava 7,2, por exemplo. Eu tinha inveja do Paulo. Ele parecia ter tudo.

Minha mãe tinha um estilo diferente. Toda vez que eu tirava uma nota boa, como 9, por exemplo, esperava algum tipo de recompensa. No entanto, ela dizia: "Não fez mais do que a obrigação". Passava de ano e "não fez mais que a obrigação". Fui o melhor da classe e "não fez mais que a obrigação". Na época, eu ficava chateado, mas aos poucos fui entendendo.

Quando Paulo passou no vestibular, em uma universidade pequena e cara, onde o modo de ingresso não era muito disputado, ele ganhou um carro de presente. Não demorou muito e ele destruiu o automóvel em um acidente de trânsito, porque corria demais.

[1] MARTIN, W. **The Parent's Tao Te Ching**: Ancient Device for Modern Parents. Nova Iorque: Balance, 1999.

Eu nunca ganhei um carro de presente, aprendi com a minha mãe que a linha base da vida é o esforço. "O mundo não deve nada a ninguém", como acredita-se que disse Thomas Edison, "mas todos devem alguma coisa para o mundo."

O psicólogo Phil Stutz, no livro *The Tools* fala sobre a diferença entre um jovem que aprendeu apenas a consumir e outro que aprendeu a criar, a contribuir para o mundo:

> O consumidor espera uma recompensa pelo menor esforço – ou melhor, por nenhum esforço. Ele se importa apenas com o que recebe do mundo, não com o que pode acrescentar a ele. (...) Ele não causa impacto no mundo; quando seu tempo na Terra termina, é como se nunca tivesse existido. O criador não aceita esse destino. Tudo o que ele faz é com a intenção de causar impacto no mundo.[2]

As crianças não nascem sabendo o valor das coisas, nós quem as ensina o que tem valor. Se damos muito valor para presentes e bugigangas, ficarão apegadas; se priorizamos atenção e afeto, se desenvolverão interiormente. As coisas são efêmeras; os valores são eternos. Muitos de nós não tivemos pais que nos ensinassem isso, e sem percebermos, passamos consumismo, materialismo e descontrole financeiro adiante.

Dinheiro em família, de Thiago Godoy, é um presente para as famílias. A ideia do livro é revolucionária porque não estamos acostumados a discutir o assunto. Em um mundo consumista, onde a publicidade está por toda parte, achamos que gastar sem reflexão é natural, que investimento é coisa apenas para os muito ricos, que dinheiro não é assunto pra conversar em família. Thiago Godoy propõe que a conversa sobre dinheiro não se trata de números, e sim de valores. O que nossa família valoriza? Estamos todos juntos nos nossos objetivos de vida? Podemos nos ajudar mutualmente a alcançá-los?

Como Thiago fala no capítulo 9, filhos aprendem a lidar com a vida observando os pais. O exemplo diário é o primeiro investimento que os pais fazem na educação financeira dos filhos. Sempre falo para minhas meninas que dinheiro é um colchão: não para você ficar deitado, mas para que você não tenha medo de tentar coisas altas, pois sempre terá onde cair com

[2] STUTZ, P.; MICHELS, B. **The Tools**: 5 life-changing techniques to unlock your potential. Londres: Penguin, 2013.

segurança. No capítulo 12, Thiago fala sobre essas crises que inevitavelmente aparecerão e a importância de estarmos preparados para elas.

Este livro é um passo a passo pra quem quer ter uma família feliz, na qual o dinheiro não é motivo de estresse constante, e sim de paz.

Estar alinhado em família é essencial, e entre o casal mais ainda. Um estudo da Kansas State University com mais de 4.500 casais descobriu que a principal causa de divórcio era desentendimentos sobre dinheiro.[3] Quando conheci minha esposa e percebi que ela também vivia uma vida frugal, percebi que poderíamos viver tranquilos juntos. Nosso sofá velho aguentou os pulos de duas filhas, nosso carro foi até 200 mil quilômetros rodados, nossas filhas até hoje amam comprar roupas em brechó, e os livros e brinquedos são doados uma vez por ano. É possível ter uma vida simples e feliz, basta combinar. Um outro estudo, feito pela Universidade de Missouri, apontou que crianças que recebem muitos presentes podem, na vida adulta, ser mais propensas a endividamento com cartão de crédito, jogos de azar e compras compulsivas.[4] Não sei como meu amigo Paulo se saiu na vida, perdemos contato. Mas, lendo este livro, tão cheio de dicas preciosas, vejo como a mãe do Paulo, na melhor das intenções, fez coisas erradas. Ensinar autonomia financeira, controle de gastos, consumo consciente, responsabilidade nas escolhas: isso tudo é, em suma, nosso papel como pais.

Na época em que moedas ainda existiam, quando minhas pequenas ainda eram pequenas, usamos três potes de pepino como cofrinho, mostrando para elas que nossa relação com dinheiro era intencional. No primeiro estava escrito "gastar", e era o cofre para algo que elas queriam comprar; o segundo era "doar", para quando queriam ajudar alguém na rua; e no terceiro tinha escrito "poupar", e todo mês eu pagava juros em cima do dinheiro que estivesse nele. Minha mais velha rapidamente percebeu a alegria de poupar: o dinheiro se multiplicava. E minha mais nova, boazinha que é, colocava todas as moedas no pote de "doar". A ânsia pelo gasto, pelo preenchimento da alma por meio do consumo, não pegou minhas meninas. Ainda hoje,

[3] JACQUES, S. Researcher finds correlation between financial arguments, decreased relationship satisfaction. **K-State Today**, 12 jul 2013. Disponível em: https://www.k-state.edu/news/newsreleases/jul13/predictingdivorce71113.html. Acesso em: 22 agosto 2025.

[4] DAUCH, C.; IMWALLE, M.; OCASIO, B.; METZ, A. E. The influence of the number of toys in the environment on toddlers' play. **Infant Behavior and Development**, Volume 50, p. 78-87, fevereiro 2018. Disponível em: https://doi.org/10.1016/j.infbeh.2017.11.005. Acesso em: 22 agosto 2025.

quando assopra a vela de aniversário, minha mais nova deseja: "Que nossa família fique sempre juntinha".

Thiago propõe uma série de atividades nesse estilo ao logo do livro e o melhor que você pode fazer é experimentar qual funciona melhor para sua família.

Em um mundo que celebra fotos de lancha e espumante no Instagram, pode parecer que conversar sobre dinheiro é coisa de gente mesquinha. Pode parecer que ensinar finanças para crianças é algo sem importância. Pode parecer que poupar dinheiro é coisa de perdedor. Mas os momentos mais felizes da vida são quando vejo que minha família está funcionando. Ver que meu casamento está em paz com aquilo que combinamos, ver familiares tendo uma relação saudável com dinheiro. Entender que investir pro futuro não é mesquinhez, mas prudência. Quando minha mãe teve câncer, por exemplo, pude ajudá-la com os custos do tratamento. Uma foto juntos, depois que o câncer foi vencido, é o tipo de imagem que gosto de celebrar nas redes sociais.

O dinheiro não é tudo, disso sabemos. Mas aprender a lidar bem com ele abre espaço e tempo para todo o resto.

Minha mãe não me deixou herança, apenas aquela que guardo até hoje: a valorização daquilo que realmente importa na vida. Os afetos, o respeito, a família. Na maioria dos dias, olho ao redor e vejo como a vida pode ser simplesmente formidável. Não estou na lista dos mais ricos da *Forbes* mas, às vezes, me sinto o homem mais rico do mundo. O nosso tesouro a gente sabe onde está.

Marcos Piangers
Pai da Anita e da Aurora,
casado com Ana Emília e filho da Dona Eloísa,
uma das 11 milhões de mães solo do Brasil.
Autor de *O papai é pop*,
que virou filme com Lázaro Ramos e Paolla Oliveira.

NOTA DA EDIÇÃO
COMO USAR ESTE LIVRO

Este livro foi escrito para transformar a forma como sua família se relaciona com o dinheiro, e, como toda transformação real, ela acontece passo a passo. Sendo assim, *Dinheiro em família* traz uma metodologia estruturada para ajudar você a sair da inércia e caminhar com clareza, intencionalidade e propósito rumo a um legado financeiro saudável.

O conteúdo está dividido em três grandes etapas, que acompanham a lógica natural da vida em família: primeiro, o casal precisa falar a mesma língua quando o assunto é dinheiro. Depois, é hora de amadurecer hábitos financeiros sólidos dentro de casa. Por fim, vem a missão de ensinar aos filhos, com leveza e sabedoria, a lidar com o valor e o uso do dinheiro. Cada etapa foi pensada para refletir desafios reais e oferecer soluções possíveis, práticas e eficazes.

Ao todo, são 21 capítulos, cada um deles com uma atividade concreta para você aplicar imediatamente o que aprendeu. A leitura pode ser feita em sequência, como um verdadeiro programa de transformação financeira em 21 semanas, mas também pode ser adaptada à sua realidade: você pode começar pelo tema mais urgente para sua família e seguir a partir daí. O importante é manter o movimento. A ação.

Além de lido, este livro é para ser vivido. A cada capítulo, você terá um convite para refletir, conversar com seu parceiro ou sua parceira, mudar um comportamento e testar uma nova abordagem com os filhos. São pequenos passos que, acumulados, geram uma nova cultura financeira dentro de sua casa.

Se você já tentou planilhas, planos ou promessas e não conseguiu sair do lugar, esta leitura pode ser o divisor de águas. Porque, aqui, o dinheiro é tratado não apenas como cálculo, mas como cultura. Não apenas como recurso, mas como herança: aquela que você recebeu e aquela que vai deixar. Visível ou não, ela está sendo construída agora. E a decisão de como ela será começa aqui.

INTRODUÇÃO

QUANDO O DINHEIRO ENCONTRA O AMOR: A MISSÃO DA FAMÍLIA

Em 2021, minha filha Angelina nasceu. Era tempo de pandemia, máscaras, distâncias e incertezas. O mundo lá fora parecia desmoronar. Mas dentro do nosso lar, entre fraldas, noites em claro e um amor que eu nunca tinha experimentado antes, nasceu uma nova certeza: eu havia me tornado pai.

É impossível descrever plenamente o que acontece dentro de uma pessoa no instante em que ela segura um filho nos braços pela primeira vez. Algo muda. Algo se alinha. Algo se parte também: as certezas antigas, os planos vagos, a liberdade de ir e vir sem avisar ninguém. No nascimento de um filho, nasce também um novo indivíduo. E ele tem uma missão: ser abrigo, guia e referência.

Foi tudo muito rápido: estávamos tentando há pouco tempo, e logo ela veio, como quem já sabia o caminho. Era como se ela tivesse pressa para fazer parte da nossa história, como se dissesse: "Cheguei! Vamos começar".

E começamos.

Quatro anos depois, em 2025, chegou Antonio. Outro ciclo se abriu, trazendo com ele a beleza do recomeço e também o peso da responsabilidade multiplicada. Por mais que eu me preparasse, por mais que eu revisasse orçamentos, simulasse cenários, organizasse planilhas e estratégias... o medo bateu.

É que o planejamento nos prepara para os gastos, mas não para o impacto emocional de perceber que agora existem mais corações batendo sob nossa responsabilidade.

O medo não era só financeiro; era existencial. Será que eu daria conta? Será que eu conseguiria manter minha presença mesmo com o aumento das demandas profissionais? Será que minha esposa e eu conseguiríamos manter nossa conexão, nosso alinhamento, nosso projeto comum?

Foi ali, entre a emoção e a razão, que compreendi algo que mudou tudo: ter fé é essencial, mas olhar para os números foi o que me deu coragem.

O planejamento financeiro, quando bem conduzido, não é frieza; é cuidado. É o abraço silencioso que você dá à sua família quando organiza suas finanças. É a maneira adulta de dizer: "Estou aqui por vocês. E quero estar aqui no futuro também". Planejar é proteger sem sufocar. É deixar espaço para o imprevisto sem abrir mão do essencial. É colocar as finanças a serviço da vida – e não o contrário.

Carl Jung dizia: "Aquilo que não enfrentamos em nós mesmos, encontraremos como destino". Nessa mesma lógica, quando evitamos olhar para o dinheiro com maturidade, ele nos visita como medo, culpa, briga, insônia, silêncio; mas quando o enfrentamos com honestidade e estratégia, ele se torna aliado. Ele deixa de ser o vilão oculto dos casamentos e das famílias e se transforma em ferramenta de construção, liberdade e legado.

Família é o primeiro lugar onde aprendemos o que é segurança. Segurança, porém, não é apenas um teto; é um lar. É saber que os adultos da casa estão alinhados, que existe um plano em andamento, que as decisões são pensadas e que os desafios são enfrentados juntos.

Pesquisas conduzidas pela American Psychological Association mostram que a instabilidade econômica provoca estresse nos cuidadores, levando a conflitos conjugais e práticas parentais mais rígidas ou inconsistentes, com impacto direto nos filhos: aumento de problemas emocionais, comportamentais e queda no desempenho escolar.[1]

O inverso também se aplica: famílias com estabilidade econômica apresentam menos estresse parental, interações mais saudáveis e crianças com melhores resultados emocionais e escolares.

Já pesquisas da Harvard School of Public Health[2] apontam que a insegurança financeira na infância está diretamente relacionada ao aumento da ansiedade, ao medo de fracassar e à construção de crenças limitantes sobre merecimento e sucesso.

---

[1] NEPPL, T. K.; SENIA, J. M.; D, M. B. Effects of Economic Hardship: Testing the Family Stress Model over Time. *Journal of Family Psychology*, Washington, DC, v. 30, n. 1, 2016.

[2] CHILDHOOD housing insecurity linked to short- and long-term anxiety and depression. Harvard School of Public Health, 13 jul. 2023. Disponível em: https://hsph.harvard.edu/news/childhood-housing-insecurity-linked-to-short-and-long-term-anxiety-and-depression. Acesso em: 31 jul. 2025.

Com base nas pesquisas, fica claro que cuidar do presente financeiro da família é também uma forma de cuidar do futuro emocional dos filhos. E é justamente por isso que precisamos rever a lógica com que pensamos sobre eles. Educação, acolhimento e segurança não são favores; são fundamentos. Quando há estrutura e consciência, os filhos crescem com raízes fortes o bastante para serem quem são, e não quem os pais esperam que eles se tornem para preencher vazios que não foram resolvidos.

E aqui reside uma das maiores inversões culturais da nossa sociedade brasileira: a ideia de que filhos são um investimento.

Filhos não são um investimento. Filhos são uma missão. E essas duas palavras, embora parecidas, carregam sentidos opostos. Investimento pressupõe retorno, expectativa, lucro. Missão pressupõe entrega, amor, serviço.

A famosa ideia de que "criar filho é nosso INSS" é uma distorção perigosa. Filhos não estão aqui para salvar os pais da velhice, nem para serem o "plano B" de quem não construiu a própria aposentadoria. Essa mentalidade coloca uma carga emocional injusta sobre as próximas gerações. Filhos que crescem com essa dívida simbólica nas costas não se sentem livres; se sentem culpados por escolherem os próprios caminhos.

Educar filhos com amor é preparar o terreno para que eles não precisem curar na terapia o que viveram em casa. É permitir que cresçam com a consciência de que foram desejados, cuidados, orientados, mas jamais responsabilizados pelas frustrações ou carências emocionais dos pais.

Essa distorção de papéis vem de uma cultura que, por gerações, confundiu amor com dependência e dever com dívida. Mas é tempo de fazer diferente. É tempo de curar o legado. De escolher o futuro e com clareza.

Porque o verdadeiro legado que deixamos está não apenas nos bens acumulados, mas também nas conversas que tivemos à mesa, nas escolhas que explicamos com amor, na forma como lidamos com os desafios e, principalmente, na maneira como tratamos o dinheiro dentro de casa.

Como diz Brené Brown: "A clareza é gentil". Ser claro com os filhos sobre o que podemos ou não fazer. Ser claro com o cônjuge sobre o que se sente em relação aos gastos, às prioridades, aos sonhos. Ser claro consigo mesmo sobre o que se quer construir e o que está disposto a sacrificar para chegar lá.

O que sustenta um casamento não é o saldo bancário, e sim a conversa constante sobre o que aquele saldo representa. Para onde estamos indo? O que significa essa compra? O que é mais importante agora?

Amor sem planejamento pode virar caos. Planejamento sem amor pode virar prisão. Mas, quando ambos se encontram, nasce a verdadeira prosperidade: aquela que é vivida, compartilhada, sustentada e ensinada.

A infância de nossos filhos será moldada, inevitavelmente, pela maneira como lidamos com o dinheiro diante deles: se brigamos, se silenciamos, se escondemos; ou se usamos o dinheiro como ponte, como linguagem, como oportunidade de diálogo e crescimento.

Nossa família é a primeira escola emocional. É onde se aprende, muitas vezes sem palavras, o que é valor, o que é escassez, o que é merecimento, o que é liberdade. Se deixamos esse aprendizado no campo do inconsciente, criamos adultos que repetem padrões. Mas, se tornamos isso consciente, abrimos espaço para uma nova história.

O dinheiro, afinal, não é vilão. É uma linguagem. E como toda linguagem, precisa ser aprendida. Praticada. Compartilhada. Em casa. Com quem mais importa.

Este livro fala sobre isso: transformar o lar no primeiro ambiente de educação financeira; alinhar propósito e planilha; ter conversas reais, potentes e libertadoras; entender que filhos não vêm para preencher nossos vazios, e sim para nos lembrar de que vale a pena recomeçar com coragem e verdade.

Que este livro seja um convite a revisitar a sua própria história; a reescrever o futuro de sua família; a assumir, com amor e consciência, a mais bela de todas as missões: ser base, ser exemplo, ser lar.

THIAGO GODOY
@papaifinanceiro

Amor sem planejamento pode virar caos. Planejamento sem amor pode virar prisão.

Dinheiro em família
@papaifinanceiro

PARTE 1

DINHEIRO NO CASAMENTO: CONSTRUINDO UMA BASE FINANCEIRA SÓLIDA

A **maior decisão financeira da sua vida não é a casa que você com**pra nem o emprego que você conquista, muito menos o carro que dirige ou o salário que ganha. A maior decisão financeira da sua vida é com quem você escolhe se casar.

Você já parou para pensar que a pessoa ao seu lado pode ser sua maior alavanca ou seu maior peso financeiro? Ela sonha com você ou só consome o que você conquista? Ela ajuda a crescer ou força você a correr atrás do prejuízo? Vocês falam sobre dinheiro ou fogem do assunto? Uma das maiores causas de divórcios são os problemas financeiros, mas a maior causa de enriquecimento é o casamento. No entanto, para dar certo, é preciso trabalhar em equipe.

Parceiros que se apoiam, que planejam juntos, que dividem sonhos e boletos, constroem mais que uma vida: constroem patrimônio, liberdade e legado. Estabelecer um bom relacionamento com o dinheiro em casal vale mais que qualquer investimento, porque, quando o amor tem propósito e consciência financeira, ele multiplica.

O casamento é uma das alianças mais poderosas que podemos formar na vida. É um compromisso de compartilhar sonhos, desafios e, claro, finanças. No entanto, quando o dinheiro entra em cena, pode ser tanto uma fonte de união quanto de conflito. Muitas vezes, falamos de amor, apoio emocional e companheirismo, mas esquecemos de mencionar que, para construir uma vida financeira sólida, é essencial alinhar expectativas, valores e objetivos sobre como lidar com o dinheiro.

Se você é casado ou vive em um relacionamento de longo prazo, sabe que, inevitavelmente, as finanças entram na conversa. Seja para planejar as próximas férias, comprar a casa dos sonhos ou educar os filhos, dinheiro e casamento estão intrinsecamente ligados. Mas como garantir que o dinheiro não seja uma causa de tensão ou frustração no relacionamento? Como construir uma base sólida que permita aos dois parceiros prosperarem financeiramente, sem que isso traga brigas ou desentendimentos?

Esta primeira parte do livro foi pensada para quem deseja encontrar o equilíbrio entre o amor e o dinheiro, transformando ambos em aliados. Vamos explorar juntos como alinhar expectativas, traçar metas financeiras em dupla e construir uma visão comum sobre o futuro financeiro da família.

Ao longo dos capítulos, você será desafiado a refletir sobre questões que, muitas vezes, ficam de lado no cotidiano, mas que são cruciais para uma vida financeira tranquila a dois. Vamos trabalhar em estratégias práticas e de longo prazo, porque, no final das contas, o que quero é que você crie uma base sólida que ajude a alcançar seus objetivos, ao mesmo tempo que fortalece ainda mais a relação. Vamos começar a transformar o dinheiro de uma fonte de conflito em um caminho para a prosperidade conjunta!

Está pronto para a jornada? Vamos começar a construir sua base financeira sólida!

A triste história do amor que custou demais

A história de Bruno e Camila é igual à de muitos casais por aí: começaram a namorar, ficaram noivos e por sete anos sonharam. E sonharam alto: uma cerimônia de casamento à altura da história deles, com decoração rústica chique, buffet completo, banda ao vivo e lua de mel no Caribe. Não queriam "nada menos do que mereciam", como diziam entre um brinde e outro nos preparativos.

O problema? Não tinham o dinheiro. Tinham o sonho, mas não o planejamento.

Mesmo assim, seguiram em frente. Pegaram empréstimos, usaram três cartões de crédito, entraram no cheque especial e ainda contaram com um consórcio que Bruno tinha resgatado. No final das contas, a festa saiu por R$ 168 mil. Quando perceberam o tamanho do rombo, já era tarde demais, mas, ainda havia mais: decidiram financiar um apartamento novo por trinta anos, com parcelas que comprometiam grande parte da renda familiar.

Camila dizia: "Depois a gente dá um jeito. Quando casar, tudo melhora". E Bruno respondia: "É só uma fase, o importante é começar a vida no nosso cantinho, do nosso jeito".

A vida real, porém, bateu à porta já nos primeiros meses.

Logo após a lua de mel, começaram a chegar as primeiras faturas da festa. Depois, veio a parcela do imóvel. O apartamento, entregue no "estado da construtora", exigia móveis, eletrodomésticos, marcenaria. A entrada foi feita com ajuda dos pais, mas o resto ficou para eles. E então começaram os carnês, as parcelas, os boletos em sequência. Cada canto do novo lar escondia uma dívida.

A sensação de conquista virou pressão silenciosa. O que era para ser uma vida de casal cheia de amor, virou uma rotina de estresse e cobranças.

Bruno começou a fazer horas extras para complementar a renda. Chegava em casa exausto. Camila, por sua vez, tentou empreender com doces caseiros para ajudar, mas as vendas eram incertas. As conversas começaram a se tornar monótonas, girando em torno de contas, contas e mais contas.

O romantismo se dissolveu em planilhas malfeitas, promessas de "na próxima, a gente organiza" e noites insones com a calculadora na mão.

O dinheiro passou a ser um assunto proibido. A vergonha tomava conta. Eles começaram a se culpar mutuamente: "Você quis aquela decoração cara, lembra?"; "E quem fez questão de viajar para Cancun foi você!"; "Você que disse que a gente dava conta!"; "Você nunca quis sentar para planejar direito!".

O apartamento, antes o "ninho do amor", virou campo de batalha. A dívida virou o terceiro morador do casamento, sempre presente, sempre cobrando.

Em dois anos, o relacionamento estava esgotado. A admiração foi substituída por ressentimento. O carinho deu lugar à frieza. E o sonho de uma vida juntos ruiu sob o peso das decisões impulsivas.

Bruno e Camila acabaram se separando antes mesmo de quitar a festa do casamento. O imóvel foi vendido às pressas, com prejuízo. As dívidas foram divididas, juntamente com a dor e o arrependimento.

Hoje, em conversas com amigos, ambos dizem: "O que destruiu nosso casamento não foi a falta de amor. Foi o excesso de sonho sem responsabilidade".

DIAGNÓSTICO: O QUE FOI FEITO ERRADO

1. Confusão entre sonho e pressa

Bruno e Camila tinham um sonho legítimo: casar, construir uma vida juntos, ter um lar. O erro foi acreditar que tudo precisava acontecer ao mesmo tempo, e naquele momento. A urgência matou o planejamento.

- **Erro:** pressa em realizar todos os sonhos de uma vez.
- **Consequência:** dívidas que poderiam ser evitadas com paciência.

2. Festa de casamento para os outros, e não para eles

Buscaram uma cerimônia que impressionasse: buffet luxuoso, decoração cara, banda ao vivo, lua de mel internacional. O foco deixou de ser a união e virou um espetáculo.

- **Erro:** gastar mais do que podiam para manter aparências.
- **Consequência:** dívidas da festa se arrastaram por anos.

3. Falta de diálogo sobre dinheiro

Evitaram conversas profundas sobre salário, dívidas anteriores, estilo de vida e objetivos. Achavam que "depois se resolvia". Contudo, não existe casamento saudável com silêncio financeiro.

- **Erro:** falta de diálogo financeiro antes e depois do casamento.
- **Consequência:** acúmulo de frustrações, brigas e distanciamento emocional.

4. Comprometimento da renda com um financiamento pesado

Assinaram um financiamento de trinta anos com parcelas altas, sem reserva de emergência ou margem de segurança. Isso os deixou presos, sem flexibilidade e sob constante estresse financeiro.

- **Erro:** imóvel financiado com entrada baixa e parcelas altas.
- **Consequência:** renda comprometida, sensação de sufoco e falta de liberdade.

5. Inexistência de um plano conjunto

Cada um sonhava separadamente. Não havia uma visão de longo prazo sobre onde queriam chegar como casal. Sem metas, sem prazos, sem estratégia. A vida financeira foi sendo empurrada com a barriga.

- **Erro:** falta de metas e planejamento a dois.
- **Consequência:** caminhos desalinhados e perda da motivação conjunta e do senso de propósito.

Infelizmente, essa ainda é a realidade financeira de muitos casamento: sonhos que viram dívidas, amor sufocado por boletos e relacionamentos que desmoronam pela falta de planejamento. Mas essa não precisa ser a sua história.

Você tem a chance de escrever um caminho diferente. Nos próximos capítulos, encontrará conhecimento prático e transformador para tomar decisões financeiras mais conscientes, alinhadas com seus valores e objetivos como casal.

Vamos falar sobre dinheiro com leveza, profundidade e propósito. Porque, quando o amor encontra educação financeira, ele se torna mais forte, mais livre e mais duradouro.

Prepare-se para construir, juntamente com seu parceiro ou sua parceira, uma base sólida que sustentará não apenas a saúde financeira, mas também a felicidade de seu relacionamento.

O *Lobo de Wall Street*, filme dirigido por Martin Scorsese, indicado a cinco Oscars e estrelado por Leonardo DiCaprio, não é só uma crítica ao mercado financeiro. É um espelho exagerado, porém desconfortavelmente familiar, de como o dinheiro pode corroer valores, relações e até a identidade de quem o persegue sem limites.

Jordan Belfort começa como um corretor ambicioso, querendo crescer na vida. Mas logo descobre que, em Wall Street, o jogo não é sobre vender com ética; é sobre vender o tempo todo, a qualquer custo.

Quanto mais ele lucra, mais ele se afasta de si mesmo.

O filme mostra com clareza algo que muitas vezes acontece na vida real: à medida que o patrimônio cresce, o casamento desmorona.

No começo, Jordan é casado com Teresa, sua companheira dos tempos difíceis. Mas, com a ascensão financeira, ele a troca por Naomi, uma mulher que representa status, luxo e desejo.

É aí que tudo começa a ruir.

O novo casamento vira um reflexo do próprio estilo de vida de Jordan: excesso, superficialidade, mentira, descontrole.

O dinheiro sustenta mansões, festas e jantares, mas não sustenta afeto, confiança ou presença.

Ele tenta compensar a ausência emocional com presentes caros e promessas vazias, até que perde tudo: o casamento, a família e, finalmente, a própria liberdade.

Ele ficou milionário, mas se tornou emocionalmente falido.

01

SEDENTARISMO FINANCEIRO: POR QUE ADIAR CUSTA CARO?

> **O sedentarismo financeiro:** o hábito de adiar decisões importantes sobre dinheiro está profundamente relacionado ao impulso de buscar prazer imediato, mesmo que isso comprometa o bem-estar financeiro no futuro. Esse comportamento é frequentemente alimentado por mecanismos mentais que fazem com que as necessidades do presente pareçam mais urgentes do que os benefícios do planejamento. Como resultado, muitas pessoas acabam negligenciando ações essenciais, como poupar, organizar o orçamento ou evitar dívidas. A consequência é um ciclo de endividamento e instabilidade que se intensifica com o tempo. Pessoas com pouca educação financeira tendem a adiar ainda mais essas decisões, o que agrava sua vulnerabilidade econômica. Por outro lado, quando há conhecimento e consciência, aumenta a capacidade de agir com responsabilidade, desenvolver disciplina e tomar decisões financeiras com foco no futuro. A educação financeira, portanto, não só informa, mas também transforma: ela rompe com o ciclo da procrastinação e fortalece a autonomia na gestão do dinheiro.

O que vem à sua mente quando você pensa sobre o futuro financeiro de sua família? Segurança, conforto, liberdade? Ou você se vê preso a um ciclo de incertezas e adiamentos? É interessante como, muitas vezes, a procrastinação no planejamento financeiro se torna um hábito comum nas famílias. O problema é que, ao adiar decisões financeiras importantes, os custos podem ser altíssimos – e não apenas em termos de dinheiro, mas também em termos de impacto emocional e psicológico.

O sedentarismo financeiro é um fenômeno muito mais presente do que imaginamos. Ele ocorre quando as pessoas se acomodam em relação às finanças, não cuidando de aspectos essenciais como a organização do orçamento, a eliminação de dívidas ou a criação de um plano de investimentos. A sensação de que "as coisas vão melhorar sozinhas" ou de que "não vale a pena mexer nisso agora" pode nos colocar em um caminho perigoso.

Vamos começar com uma reflexão: **o que você tem deixado para depois em seu planejamento financeiro?** Talvez o pagamento das dívidas, a criação de uma reserva de emergência ou até mesmo o planejamento da aposentadoria. Por mais simples que pareçam, esses pequenos adiamentos podem gerar consequências enormes no longo prazo.

Por que adiamos? É natural querer deixar as coisas difíceis ou desagradáveis para depois. Pensar em finanças pode ser estressante, principalmente quando há questões como dívidas ou gastos desnecessários. O problema, entretanto, não está em sentir esse desconforto, e sim no **tempo perdido**. A procrastinação financeira impede que você crie uma base sólida para o futuro e prejudica as chances de alcançar a estabilidade e a liberdade financeira que tanto desejamos.

Adiar decisões financeiras pode ter custos reais e significativos. Por exemplo, se você não começar a economizar para a aposentadoria hoje, o que acontecerá quando chegar o momento de parar de trabalhar? Ou, se você procrastina o pagamento de uma dívida com juros altos, o que era um pequeno valor se transforma em uma grande soma. A procrastinação gera mais ansiedade, mais problemas e, muitas vezes, mais gastos.

Vamos ver um exemplo comum. Casais que adiam a organização do orçamento familiar ou que não têm uma comunicação clara sobre dinheiro acabam vivendo de maneira descontrolada. A consequência disso é um ciclo de endividamento que só aumenta. O crédito fácil, os parcelamentos sem fim e a falta de planejamento criam um cenário no qual os casais se tornam prisioneiros da falta de controle.

Parece alarmante, mas a procrastinação pode ter um efeito **multiplicador**. Cada decisão não tomada se soma ao próximo adiamento. A boa notícia é que, ao identificar isso, você pode reverter a situação com uma série de pequenas ações.

Além do impacto financeiro, existe um custo emocional profundo no sedentarismo financeiro. As preocupações constantes com as contas, o medo do futuro e o sentimento de impotência podem prejudicar a qualidade do relacionamento, aumentar o estresse e afetar a saúde mental de toda a família. Isso pode gerar discussões frequentes, ressentimentos e até o distanciamento entre os membros.

Agora, pense nisso: quando foi a última vez que você e seu cônjuge sentaram para discutir a saúde financeira da família? Como esse diálogo se desenrolou? Foi de maneira tranquila e produtiva ou cheia de tensão e frustração? Muitas vezes, o simples ato de adiar essas conversas só gera mais desconfiança e insegurança, criando um abismo emocional no relacionamento.

O que acontece é que, ao deixar o problema de lado, ele não desaparece. Ele cresce e se transforma em uma bola de neve. Você não só paga mais, mas também perde a confiança e o controle sobre a própria vida financeira.

A procrastinação financeira não é um problema isolado; ela é uma armadilha que afeta indivíduos, casais e famílias, frequentemente resultando em perda de oportunidades e aumento de custos. **Ao tomar as rédeas de sua vida financeira hoje, você está criando um futuro mais seguro e estável para sua família.**

A mudança começa com uma decisão simples: agir agora. Pare de deixar o sedentarismo financeiro impedir você de alcançar seus sonhos e a prosperidade que você e sua família merecem.

ATIVIDADE: QUEBRANDO O CICLO DA PROCRASTINAÇÃO FINANCEIRA

1. Reflexão individual

- Pegue um papel e escreva três decisões financeiras que você tem adiado. Pode ser o pagamento de dívidas, criação de uma reserva de emergência, planejamento da aposentadoria ou qualquer outro aspecto financeiro importante para sua família.

2. Discussão em família ou com seu parceiro ou sua parceira

- Compartilhe essas reflexões com seu cônjuge ou seus familiares. O objetivo não é apontar culpados, mas alinhar expectativas e criar um plano juntos.

3. Ação imediata

- Escolha uma dessas três decisões e defina uma ação concreta para dar o primeiro passo ainda hoje. Pode ser algo simples, como pesquisar sobre um investimento, organizar as contas do mês ou agendar uma conversa com especialista financeiro.

4. Compromisso por escrito

- Escreva um pequeno compromisso para si mesmo: *"Eu me comprometo a [ação escolhida] até [data definida], pois sei que adiar só aumentará o impacto negativo em meu futuro financeiro"*.

5. Recompensa e motivação

- Assim que concluir essa primeira ação, celebre de alguma forma (não precisa envolver gastos!). Pode ser com um momento especial em família, um pequeno ritual simbólico ou apenas o reconhecimento do próprio esforço.

02

ALINHANDO EXPECTATIVAS: O CASAL E O DINHEIRO

Alinhar as expectativas financeiras em um relacionamento é essencial para evitar conflitos e fortalecer o vínculo entre os parceiros. Apesar de muitos casais acreditarem que se comunicam bem sobre dinheiro, a realidade é que divergências silenciosas sobre como lidar com as finanças são mais comuns do que parece. Quando não há clareza sobre prioridades, objetivos e formas de administrar o dinheiro, pequenos desentendimentos podem evoluir para frustrações mais profundas, impactando a harmonia da relação.

Casais que mantêm um diálogo aberto e honesto sobre finanças têm mais chances de construir uma vida financeira estável e satisfatória. Isso acontece porque eles conseguem alinhar expectativas, tomar decisões conjuntas com mais segurança e desenvolver uma visão compartilhada de futuro. Mesmo quando existe a percepção de que a comunicação está funcionando, muitas vezes ficam pendências não resolvidas, como quem cuida das contas, quanto gastar ou como lidar com dívidas, por exemplo, e que precisam ser trazidas à tona.

Falar sobre dinheiro com franqueza e respeito não é só uma questão prática, mas um gesto de cuidado. É essa comunicação que cria um ambiente de confiança, no qual ambos se sentem valorizados e comprometidos com o sucesso financeiro do casal.

Quando você e seu parceiro pensam em dinheiro, quais sentimentos surgem? Felicidade? Estresse? Conflito? Parece estranho, mas as finanças podem ser um dos maiores desafios em um relacionamento. Muitas vezes, o dinheiro não é apenas uma questão de quanto ganhamos ou gastamos, mas de como pensamos sobre ele.

Você já parou para pensar que, mesmo morando na mesma casa e compartilhando a vida, você e seu parceiro podem ter **visões completamente diferentes** sobre o dinheiro? Enquanto um de vocês pode ter crescido com a mentalidade de que **"é preciso sempre poupar para o futuro"**, o outro pode achar que **"o importante é aproveitar o momento, não sabemos o que o amanhã nos reserva"**.

Essas diferenças não são apenas detalhes. Elas podem afetar o modo como vocês decidem gastar, economizar e até investir juntos. Quando esses pontos de vista não são alinhados, começam a surgir desentendimentos e até conflitos.

Você já teve uma discussão sobre uma compra "desnecessária"? Ou talvez tenha se frustrado porque seu parceiro não quer cortar certos gastos para poupar mais? Essas situações acontecem com muitos casais. O problema não é o dinheiro em si, mas a falta de comunicação sobre as expectativas que ambos têm em relação ao uso dele.

Quando vocês falam sobre o futuro, quais são os **sonhos** financeiros de cada um? Comprar uma casa? Viajar pelo mundo? Ter uma aposentadoria tranquila? Parece simples, mas muitas vezes esses objetivos não estão claros ou definidos de forma **conjunta**. Você e seu parceiro já conversaram sobre essas metas? Ou cada um tem a própria visão e expectativa do que o futuro financeiro vai ser?

Alinhar essas expectativas é mais do que apenas um exercício de planejar. É um compromisso. E esse compromisso exige diálogo, honestidade e flexibilidade. Você pode achar que o mais importante é garantir uma reserva de emergência, enquanto seu parceiro pode achar que o mais importante é quitar uma dívida do cartão de crédito. Quando isso não é discutido, as diferenças podem gerar tensão. Mas aqui vai a grande pergunta: por que vocês não conversaram sobre isso antes?

As crenças que carregamos: como o passado impacta o presente

Pense um pouco: como o dinheiro foi tratado em sua casa quando você era criança? E na casa de seu parceiro? Essas memórias influenciam profundamente o modo como cada um de vocês lida com o dinheiro hoje. Se em sua infância você ouviu repetidamente frases como "dinheiro não dá em árvore", é provável que tenha desenvolvido uma postura mais cautelosa com suas finanças, talvez até um medo excessivo de gastar. Agora, se você cresceu em um ambiente onde o lema era "dinheiro é para ser aproveitado", pode ter herdado a tendência de gastar sem muito planejamento, buscando prazer imediato em detrimento da segurança futura.

Existem também os casos em que a escassez marcou profundamente a infância. Para muitas pessoas, a falta constante de recursos criou uma ansiedade que, na vida adulta, se traduz em um impulso de aproveitar cada oportunidade de consumo, mesmo que de forma descontrolada.

Por outro lado, filhos que foram financeiramente sustentados pelos pais até tarde, sem aprender a lidar com responsabilidades básicas, muitas vezes entram na vida adulta despreparados para administrar os próprios recursos. Sem terem enfrentado as consequências de escolhas financeiras, acabam reproduzindo comportamentos imaturos e colocando em risco a própria estabilidade.

Esses exemplos mostram como nossas vivências moldam nossas crenças e comportamentos com o dinheiro. O que aprendemos (ou deixamos de aprender) na infância se transforma em padrões automáticos que repetimos sem perceber, até que escolhemos conscientemente ressignificá-los. É por isso que entender a própria história financeira é um passo fundamental para construir uma nova relação com o dinheiro: mais consciente, saudável e alinhada com os valores que queremos viver hoje.

Quando os casais não discutem essas crenças e como elas influenciam o comportamento financeiro, há uma grande chance de um ser mais conservador e o outro ser mais impulsivo. Entender de onde essas crenças vêm pode ser o primeiro passo para buscar um meio-termo.

Os 3 perfis financeiros: quem é você quando o assunto é dinheiro?

Quando falamos de dinheiro em um relacionamento, ou mesmo na vida individual, é comum percebermos comportamentos bem diferentes. Alguns gostam de controlar cada detalhe. Outros preferem não pensar muito no assunto. E há aqueles que vivem sonhando com tudo o que querem realizar, mas nem sempre tiram os planos do papel. Esses padrões nos ajudam a entender como lidamos com o dinheiro no dia a dia.

Vamos conhecer os três perfis mais comuns?

1. O Controlador

É aquele que se sente seguro quando tudo está planejado.

Adora uma planilha, gosta de ter orçamento mensal, metas claras e controle de cada gasto. Para ele, poupar vem antes de consumir, porque o imprevisto é percebido como um risco real, e ele prefere estar preparado. O problema? Quando algo sai do script, o Controlador pode ficar ansioso e até frustrado. E, às vezes, esse excesso de rigidez faz com que o dinheiro vire um fim em si mesmo, e não um meio para viver melhor.

2. O Desapegado

Ele vive o presente. Gosta de aproveitar o agora e não costuma se prender a planilhas ou números. Para ele, conversar sobre dinheiro soa pesado ou chato, um papo que rouba a leveza da vida. Gasta com o que dá prazer no momento e raramente planeja o futuro. O risco? Acabar em ciclos de desorganização, dívidas ou insegurança financeira, mesmo sem perceber. Ainda assim, o Desapegado traz uma qualidade valiosa: ele nos lembra que o dinheiro precisa servir para viver, e não o contrário.

3. O Sonhador

Este último perfil é movido por objetivos: casa própria, viagens, negócios próprios, mudança de vida. Ele ama planejar, fazer listas de desejos, projetar o futuro. Mas, na prática, muitas vezes trava na execução. Oscila entre momentos de grande foco e fases de desorganização, dependendo da motivação e do contexto. O desafio do Sonhador é transformar planos em ação consistente e sustentável. Por outro lado, ele inspira, motiva e mantém o olhar no futuro, qualidade essencial para quem quer crescer.

Por que entender seu perfil importa?

Saber como você lida com o dinheiro é o primeiro passo para tomar decisões mais conscientes. Ninguém é só um perfil: somos mistura e adaptação. O importante é reconhecer os pontos fortes e os riscos de cada jeito de ser e buscar o equilíbrio.

Quando o assunto é dinheiro, autoconhecimento vale mais do que qualquer saldo bancário.

Os perfis financeiros e como se combinam nos casais

Quando duas pessoas se unem, os perfis financeiros se encontram e, muitas vezes, se chocam. Conhecer essas combinações ajuda a entender as forças e os desafios de cada relação e a traçar estratégias para prosperar juntos.

1. Controlador + Controlador

- **Vantagens:** casal organizado, metas claras, facilidade para poupar e evitar dívidas.
- **Desvantagens:** risco de a relação perder leveza, excesso de rigidez, dificuldade em aproveitar o presente.
- **Para prosperar:** incluir no planejamento momentos para prazer e experiências espontâneas.

2. Controlador + Desapegado

- **Vantagens:** o Controlador traz segurança, o Desapegado ensina a aproveitar a vida.
- **Desvantagens:** alto potencial de conflito, um se sente sufocado e o outro sobrecarregado.
- **Para prosperar:** criar acordos claros, com orçamento que contemple segurança e lazer.

3. Controlador + Sonhador

1. **Vantagens:** o Sonhador inspira e amplia os objetivos, o Controlador traz o plano e a execução.
2. **Desvantagens:** o Controlador pode desmotivar o Sonhador e o Sonhador pode frustrar o Controlador com ideias pouco práticas.
3. **Para prosperar:** transformar sonhos em metas com prazos e ações definidas.

4. Desapegado + Desapegado

- **Vantagens:** relação leve, cheia de experiências e momentos espontâneos.
- **Desvantagens:** risco alto de desorganização financeira, dificuldade em realizar planos de longo prazo.
- **Para prosperar:** estabelecer juntos um plano básico para metas e proteção do futuro, sem perder a leveza.

5. Desapegado + Sonhador

- **Vantagens:** casal criativo, cheio de ideias e entusiasmo.
- **Desvantagens:** muita ideia, pouca ação prática, risco de frustração e desorganização.
- **Para prosperar:** definir um sonho de cada vez e traçar pequenos passos para alcançá-lo.

6. Sonhador + Sonhador

- **Vantagens:** relação cheia de visão de futuro, apoio mútuo nos objetivos.
- **Desvantagens:** dificuldade em sair do campo das ideias, desorganização na execução.
- **Para prosperar:** transformar planos em projetos reais, com datas e compromissos, e revisá-los periodicamente.

ALINHAR EXPECTATIVAS ANTES DE DEFINIR OBJETIVOS

Como eu sempre digo, e faço questão de repetir, antes de qualquer planilha, o casal precisa conversar. Mas não se trata de números, e sim de significados. O que importa é o que cada um sente, acredita e espera da vida a dois. Sem essa escuta genuína, é fácil que um esteja juntando dinheiro para comprar um apartamento na cidade, ao passo que o outro sonha em largar tudo e viver uma vida simples no interior. Sem diálogo, não há direção compartilhada; e sem direção, o planejamento financeiro perde o sentido.

Comecem pelo começo: como cada um enxerga o dinheiro? Que tipo de relação construiu com ele ao longo da vida? Há quem veja o dinheiro como proteção; outros, como liberdade. Alguns carregam traumas e escassez; outros, ansiedade e culpa. Tudo isso precisa vir à tona. Porque, por trás de cada decisão financeira, existe uma emoção; e ignorá-la é um dos caminhos mais rápidos para o desencontro.

Também é essencial conversar sobre medos: o medo de repetir os erros dos pais, de não conseguir sustentar os filhos, de depender do outro, de perder o padrão de vida. E, claro, os sonhos. Quais são os projetos individuais? E quais são os sonhos que só fazem sentido se forem compartilhados?

Essa conversa nem sempre é fácil. Mas é justamente ela que faz a diferença entre casais que brigam por dinheiro e os que crescem lado a lado, com ele.

Uma vez que as expectativas estiverem mais claras, aí sim é hora de transformar desejos em metas concretas. É nesse momento que o planejamento entra.

Definir objetivos não é apenas listar vontades; é fazer escolhas. Um casal não pode colocar tudo como prioridade. Será que agora o foco é quitar dívidas? Montar uma reserva de emergência? Poupar para a aposentadoria? Investir na educação dos filhos? Cada etapa da vida exige um plano diferente, e só há sentido no plano quando ele nasce de um propósito comum.

Com os objetivos definidos, o casal precisa estabelecer quanto vai poupar, quem ficará responsável por controlar o orçamento, quem fará pesquisas sobre investimentos, como vão acompanhar o progresso e com que frequência vão revisar o planejamento.

Porque a vida muda. E quando o casal se permite conversar sobre dinheiro com naturalidade, também se permite ajustar a rota sem culpas ou cobranças.

Expectativas se alinham com conversa. Objetivos se alcançam com ação. E casais que constroem juntos, prosperam juntos.

Parece simples, não é? Mas, se fosse simples, a maioria dos casais não enfrentaria os problemas financeiros que enfrentam. A verdade é que, muitas vezes, a questão não é o dinheiro em si, mas o modo como ele nos faz sentir. E essas emoções, se não forem discutidas abertamente, podem criar barreiras entre os casais.

Agora, pense: você e seu parceiro realmente compartilham as mesmas expectativas financeiras? Se a resposta for não, o que você pode fazer para começar essa conversa hoje mesmo?

O alinhamento financeiro não acontece da noite para o dia, mas começa com um simples passo: a comunicação. Seja honesto sobre suas preocupações, medos e desejos. Quando vocês estiverem na mesma página, vocês terão uma base sólida para construir o futuro financeiro que ambos sonham.

ATIVIDADE: DESCUBRA SEU PERFIL FINANCEIRO E CRIE O MAPA FINANCEIRO DO CASAL

Parte 1: Descubra seu perfil financeiro

Responda às perguntas a seguir escolhendo a alternativa que mais combina com seu jeito de lidar com o dinheiro. Anote a letra de cada resposta.

1. Quando você pensa em seu dinheiro, o que mais importa para você?

A) Ter tudo organizado, com controle de gastos e metas.

B) Aproveitar o momento e fazer o que dá vontade.

C) Realizar grandes sonhos no futuro, mesmo que precise ajustar no caminho.

2. **Como você age quando recebe um dinheiro extra?**

A) Guarda ou usa para adiantar contas e projetos planejados.

B) Gasta com algo que deseja há tempo ou se dá um presente.

C) Pensa em como esse valor pode ajudar em seus planos maiores, como viagem ou casa.

3. **Quando surge um imprevisto financeiro, como você se sente?**

A) Ansioso ou incomodado porque o imprevisto bagunça seu plano.

B) Leva na boa, resolve como dá e segue em frente.

C) Vê como um obstáculo no caminho do seu projeto e tenta se reorganizar.

4. **O que você costuma fazer com seus planos financeiros?**

A) Planeja, registra e acompanha com frequência.

B) Não gosta de planejar, prefere viver um dia de cada vez.

C) Gosta de sonhar e pensar em possibilidades, mas nem sempre coloca no papel.

5. **Em relação ao futuro, o que você prefere?**

A) Segurança e estabilidade acima de tudo.

B) Não se preocupar demais, o futuro vai se ajeitando.

C) Conquistar algo grande e significativo, mesmo que leve tempo.

Como descobrir seu perfil: Conte o número de respostas de cada letra:

- **Maioria A:** *Controlador* – você gosta de organização, planejamento e controle. Busca reduzir riscos e prioriza segurança financeira.
- **Maioria B:** *Desapegado* – você prefere viver o presente. Valoriza a leveza e o prazer no agora e não gosta que o dinheiro dite o ritmo da vida.
- **Maioria C:** *Sonhador* – você é movido por grandes objetivos. Gosta de pensar no futuro, mesmo que nem sempre transforme os planos em ação prática.

Se suas respostas ficaram equilibradas entre mais de um perfil, não se preocupe, isso é absolutamente natural. Somos uma combinação de influências, experiências e fases da vida. O mais importante é reconhecer qual perfil tende a predominar em suas decisões financeiras.

E lembre-se: os perfis não são fixos. Com mais consciência, reflexão e prática, é possível transformar padrões e desenvolver um comportamento financeiro mais equilibrado ao longo do tempo.

Parte 2: Mapa financeiro do casal – como o perfil financeiro se conecta à relação

Agora que você já identificou seu perfil, vamos transformar essa descoberta em um mapa do casal, que ajuda a entender como suas crenças e hábitos financeiros se encontram ou se chocam na relação.

1. Reflexão individual

Cada um deve escrever, separadamente:

- Como o dinheiro era tratado em sua família?
- O que você acredita ser mais importante: poupar ou aproveitar o presente?
- O que o dinheiro significa para você (segurança, liberdade, conforto, felicidade etc.)?

Aqui vale considerar seu perfil: por exemplo, se você é Controlador, pode perceber que valoriza mais segurança; se é Desapegado, pode associar dinheiro a prazer imediato; se é Sonhador, pode ver o dinheiro como ferramenta para realizações futuras.

2. Compartilhamento e descobertas

Depois da reflexão, sentem-se juntos e compartilhem suas respostas. Conversem sobre:

- Como os perfis e as crenças de cada um influenciam hoje as decisões do casal.
- Onde estão os pontos em que vocês se complementam.
- Onde pode haver riscos ou desafios por conta das diferenças.

Essa atividade vai ajudar a alinhar expectativas, evitar conflitos e traçar um caminho financeiro que respeite o jeito de ser de cada um.

03

METAS EM DUPLA: PLANEJANDO SONHOS FINANCEIROS JUNTOS

Planejar sonhos financeiros em conjunto é uma maneira poderosa de fortalecer a parceria e construir um futuro com propósito. Quando um casal define metas financeiras lado a lado, está, ao mesmo tempo, alinhando as aspirações, aprofundando a comunicação e reforçando a confiança mútua.

Tomar decisões financeiras como dupla gera um senso real de pertencimento e colaboração. Ambos os parceiros passam a se sentir parte ativa da jornada, compartilhando responsabilidades e conquistas. Essa coautoria dos sonhos fortalece o vínculo emocional, tornando o relacionamento mais estável e satisfatório.

Casais que compartilham finanças de maneira equilibrada tendem a ter uma conexão mais sólida. Isso acontece porque, ao dividir recursos e decisões, criam uma relação de transparência e compromisso com o futuro. Estabelecer metas juntos aumenta as chances de alcançá-las e também aprofunda o sentimento de união, que vai além do dinheiro e se traduz em parceria verdadeira, nos bons momentos e nos desafios.

É **fácil pensar no dinheiro como algo isolado. Nós trabalhamos, ganhamos**, pagamos contas e tentamos sobreviver ao mês. Mas e os sonhos? Como o dinheiro entra na equação dos seus sonhos e da sua vida a dois?

Quando você pensa no futuro, o que vem à sua mente? Uma casa própria? Uma viagem para o exterior? A tranquilidade de uma aposentadoria confortável? Agora, pergunte ao seu parceiro: o que ele imagina para o futuro? Os sonhos de vocês se alinham ou são completamente diferentes?

A verdade é que, em um relacionamento, o planejamento financeiro não é uma questão individual. Se ambos não estiverem alinhados sobre os objetivos e as prioridades, é como tentar remar em direções opostas. O esforço será grande, mas o progresso será mínimo.

Muitas vezes, quando os casais não têm uma conversa clara sobre dinheiro, acabam seguindo caminhos separados sem nem perceber. Um de vocês pode querer poupar para um grande investimento, como uma casa ou um negócio próprio, enquanto o outro pode ter a ideia de gastar para aproveitar a vida agora.

Porém, quando o casal se une para definir metas financeiras, cria-se um sentimento de equipe. Essa equipe precisa ser unida e estratégica para alcançar os objetivos que desejam. Mas, para isso acontecer, ambos precisam estar dispostos a comprometer-se.

Por exemplo, já imaginou que, em vez de um dos parceiros fazer um grande gasto sem avisar ao outro, vocês definem juntos o valor a ser poupado todos os meses para a viagem dos sonhos? Ou, em vez de cada um ignorar o impacto das próprias compras impulsivas, vocês têm a meta de comprar a casa dos sonhos em cinco anos e sabem exatamente o que precisam fazer para alcançar isso? Não significa abrir mão dos próprios desejos, mas aprender a fazer escolhas em conjunto. Quando vocês compartilham a mesma visão financeira, o caminho se torna muito mais claro.

Como lidar com as diferenças nas metas?

É possível que, ao longo do processo de definir as metas financeiras, surjam diferenças de opinião entre você e seu parceiro. Um pode querer investir em um curso de aprimoramento profissional, ao passo que o outro pode querer guardar para um carro novo. O que fazer nesses momentos? Negociar e ceder é fundamental.

Não se trata de ganhar ou perder, mas de buscar um equilíbrio. O dinheiro é uma ferramenta, e não um objetivo final. E quando você entende isso consegue enxergar que as metas financeiras não são um jogo de competição, e sim uma oportunidade de construir algo em conjunto.

Agora, pare um momento e pense: qual seria o impacto de você e seu parceiro alcançarem as metas financeiras que estabeleceram juntos? Como seria a sensação de estar trabalhando lado a lado para conquistar os objetivos dos dois?

ATIVIDADE: QUADRO DOS SONHOS

Objetivo: transformar os desejos financeiros do casal em um plano visual rápido e motivador, sem complicação.

Como fazer?

1. **Liste seus três maiores sonhos.**
   - Cada um pega uma folha (ou o celular) e anota três sonhos financeiros para os próximos anos.
   - Pode ser grande (casa própria) ou pequeno (viagem, quitar um carro).

DICA: nada de ficar pensando demais, anote o que vier à cabeça primeiro.

2. **Compartilhe em dupla.**
   - Revelem os sonhos um para o outro. Para cada sonho, falem em uma frase:
     - Por que isso é importante para mim?
     - Como isso mudaria nossa vida?

Já aproveitem para identificar sonhos em comum.

3. **Monte o quadro express.**
   - Em um papel grande, quadro branco, app ou mesmo um arquivo no celular, criem três colunas:
     - curto prazo (até 1 ano);
     - médio prazo (1 a 5 anos);
     - longo prazo (acima de 5 anos).
   - Distribuam os sonhos nas colunas.
   - Ao lado de cada sonho, anotem:
     - valor aproximado;
     - prazo que gostariam de alcançar.

EXEMPLOS:

Viagem à Europa | R$ 30.000 | 3 anos.
Casa própria | R$ 400.000 | 8 anos.

4. **Façam o compromisso.**
   - No final do quadro, escrevam juntos uma frase que simbolize o pacto financeiro: "Trabalharemos como time para realizar nossos sonhos".

- Se quiserem, assinem o quadro.

5. **Coloquem o quadro em um lugar visível.**
   - Pode ser na porta do armário, no escritório ou no app de anotações favorito.

6. **Revisem-no a cada três ou seis meses.**
   - Marquem na agenda: revisar juntos como está o progresso, ajustar valores e prazos e celebrar pequenas conquistas.

BÔNUS SIMPLES: façam isso tomando um café juntos ou durante um momento tranquilo em casa. O importante é o clima de parceria!

04

EVITANDO CONFLITOS FINANCEIROS NO RELACIONAMENTO

Os conflitos financeiros estão entre as maiores fontes de estresse nos relacionamentos e podem abalar tanto a qualidade do casamento quanto a estabilidade da família. Quando os parceiros não estão alinhados sobre como lidar com o dinheiro, é comum surgirem tensões, desentendimentos e sentimentos de frustração.

A pressão financeira, sobretudo em momentos em que as necessidades básicas não são plenamente atendidas ou quando as dívidas se acumulam, tende a aumentar os conflitos conjugais. Além de afetar o casal, esse estresse pode impactar também o modo como os pais se envolvem com os filhos e a qualidade da comunicação no lar.

Essas dificuldades se intensificam em períodos de maior exigência, como nos anos intermediários do casamento, quando a sobrecarga entre trabalho e responsabilidades familiares se torna mais evidente. Nessas fases, o desgaste emocional e os conflitos podem comprometer ainda mais o vínculo do casal.

O dinheiro é um dos temas que mais gera conflito em relacionamentos. Quando o assunto é finanças, até os casais mais apaixonados podem se encontrar em um campo minado de discussões e mal-entendidos. Talvez você já tenha vivido situações em que uma simples conversa sobre as contas acabou transformando-se em uma briga. Ou, talvez, você já tenha sentido aquela tensão no ar quando o tema foi levantado. Por que será que isso acontece?

Você já parou para pensar no impacto que o dinheiro exerce em suas emoções e no relacionamento com seu parceiro? Muitas vezes, as brigas por causa de finanças não se devem ao dinheiro em si, mas aos sentimentos e às expectativas que ele carrega.

Essas diferenças podem criar um descompasso na maneira como cada um encara as finanças. Quando um parceiro é mais relaxado com o dinheiro e o outro é mais preocupado, o que parece ser uma discussão simples pode se tornar uma série de desentendimentos repetitivos.

Conflitos financeiros muitas vezes surgem da **falta de comunicação**. Quando os casais não têm conversas claras sobre como administrar o dinheiro, o risco de criar **expectativas irreais** ou de se sentir desrespeitado aumenta consideravelmente.

O que pode parecer uma preocupação legítima de um dos parceiros, como não gastar demais, pode ser interpretado como falta de confiança pelo outro, e vice-versa. Além disso, as desigualdades salariais ou a forma como o dinheiro é administrado podem gerar um sentimento de injustiça no relacionamento, se não houver diálogo aberto sobre o que é justo para ambos.

A pressão de alcançar metas financeiras também pode criar conflitos de poder. Quem toma as decisões financeiras? Quem tem a palavra final sobre grandes compras ou investimentos? Esses pontos, se não forem bem definidos, podem criar um ambiente de ressentimento e frustração.

É importante que o casal desenvolva estratégias para lidar com as **divergências financeiras** de forma saudável. Isso não significa que vocês vão concordar em tudo, mas é preciso estabelecer uma base de **compreensão mútua**.

Aqui estão algumas estratégias que podem ajudar a transformar os conflitos financeiros em oportunidades de crescimento:

1. **Respeitem as diferenças.** Reconhecer que cada um tem um estilo financeiro diferente é o primeiro passo para trabalhar essas diferenças. Um pode ser mais gastador e o outro mais economista, mas encontrar um equilíbrio entre os dois estilos é possível. Compreender que essas diferenças não são erros, e sim maneiras diferentes de ver o dinheiro, ajuda a evitar brigas desnecessárias.
2. **Sejam flexíveis.** Não se apeguem a um único modelo financeiro ou visão de vida. Se algo não está funcionando, sejam flexíveis o suficiente para ajustar e adaptar o plano. O que funcionava para vocês há seis meses pode não ser mais válido hoje, e tudo bem. O importante é manter a flexibilidade para que as mudanças possam ocorrer sem frustrações.

3. **Busquem ajuda externa, se necessário.** Às vezes, a melhor forma de resolver um impasse financeiro é procurar ajuda profissional. Se as discussões sobre dinheiro estão se tornando frequentes ou muito intensas, talvez um consultor financeiro ou até mesmo um terapeuta de casais possa ajudar a orientar a comunicação.

Pense sobre o seguinte: se você pudesse melhorar a maneira como conversa sobre dinheiro com seu parceiro, o que mudaria? Como você poderia tornar as discussões mais produtivas e menos tensas? O dinheiro, como qualquer outro aspecto da vida a dois, precisa ser tratado com diálogo aberto e comprometimento.

Lembre-se: o dinheiro não deve ser uma barreira em seu relacionamento, mas uma ferramenta que, quando bem administrada, pode fortalecer os laços entre vocês. A chave para uma vida financeira saudável em casal está em aprender a jogar no mesmo time, entendendo e respeitando as diferenças, estabelecendo objetivos em conjunto e, principalmente, criando um ambiente de comunicação aberta e empática.

ATIVIDADE: 10 MINUTOS PARA O CASAL VIRAR UM TIME FINANCEIRO

Objetivo: fortalecer a parceria no dinheiro com um exercício simples que gere diálogo direto e combinado prático, sem enrolação.

Como funciona?

1. Três perguntas para responder de bate-pronto.

Em um pedaço de papel ou no celular, cada um deve responder às seguintes questões (tempo máximo: 2 minutos por pergunta):

- Qual decisão financeira recente que tomamos juntos me deixou orgulhoso?
- Em qual situação eu senti que o dinheiro virou motivo de tensão entre nós?
- Qual combinado simples podemos fazer agora para melhorar nosso dia a dia financeiro?

Nada de texto longo, use poucas palavras, o que vier à cabeça.

2. Compartilhem em voz alta.

Enquanto um lê suas respostas, o outro apenas escuta, sem interromper ou rebater. Depois troquem.

3. O combinado do time (em 5 minutos).

Agora, criem juntos uma regra prática para o próximo mês, que seja fácil de lembrar e aplicar no dia a dia.

EXEMPLOS REAIS:

Avisar antes de qualquer gasto acima de R$ 300.
Separar um valor semanal para uso livre, sem precisar explicar.
No domingo à noite, separar 10 minutos para olharem juntos o saldo e os planos da semana.

4. Deixem o compromisso visível.

Escrevam o combinado em uma nota no celular, na geladeira, no espelho do banheiro ou onde os dois vejam no dia a dia.

Por que funciona?

- É rápido, você resolve em 10 a 15 minutos.
- Gera ação prática, e não apenas conversa.
- Evita repetição e mantém o foco no presente e no futuro imediato.

05

DINHEIRO E EMOÇÕES: COMO O PASSADO AFETA O PRESENTE

As atitudes financeiras que carregamos na vida adulta muitas vezes têm raízes profundas nas experiências que vivemos na infância. Emoções como medo, insegurança ou controle excessivo em relação ao dinheiro geralmente surgem de situações marcantes do passado: dificuldades financeiras na família, traumas silenciosos ou padrões aprendidos com os pais.

Mesmo sem perceber, muitas pessoas repetem comportamentos herdados de gerações anteriores. O modo como lidamos com risco, confiança e consumo pode ser reflexo direto do ambiente em que crescemos. Essas heranças invisíveis moldam nossas escolhas individuais e a dinâmica financeira nos relacionamentos.

É importante entender que dinheiro não é só número; é emocional. Nossas emoções influenciam profundamente a forma como ganhamos, gastamos, poupamos e investimos. Quando falamos de dinheiro, estamos tocando em algo mais profundo do que simples contas: trata-se de identidade, autoestima, segurança e pertencimento.

Em meu primeiro livro, *Emoções financeiras*, mostrei como decisões financeiras são frequentemente guiadas por gatilhos emocionais inconscientes. Medos que paralisam, impulsos que sabotam, crenças que limitam. E como é possível transformar essa relação por meio do autoconhecimento, da autorresponsabilidade e do autocontrole.

Cada pessoa carrega uma história financeira única, e é justamente esse histórico que influencia os conflitos e acordos em uma família ou um casal. Por isso, reconhecer essas influências é o primeiro passo para quebrar ciclos prejudiciais e construir uma nova relação com o dinheiro: mais consciente, mais empática e alinhada com os valores do presente, e não apenas com os padrões do passado.

No próximo capítulo, vamos aprofundar essa jornada emocional e entender melhor como nossas emoções impactam o dia a dia financeiro e o que podemos fazer para transformá-las.

Será que suas decisões financeiras hoje são realmente suas ou será que estão sendo influenciadas por experiências e padrões que você herdou ao longo da vida? Como o ambiente em que você cresceu moldou sua relação com o dinheiro?

É fácil pensar que o dinheiro é uma questão puramente prática: "quanto você ganha", "quanto você gasta", "quanto você poupa". Contudo, as emoções que você carrega, muitas vezes inconscientemente, afetam de modo direto essas decisões.

Você pode perceber que, ao discutir finanças com seu parceiro, há uma sensação de urgência ou até mesmo de ansiedade em determinadas situações. Quando você não tem segurança, a sensação de falta pode gerar uma relação tensa e controladora com o dinheiro.

Por outro lado, se você cresceu em uma família na qual o dinheiro nunca foi problema, pode ter uma tendência a ser mais despreocupado em relação aos gastos. Contudo, essa abordagem pode ser um reflexo de uma falta de preocupação saudável com a estabilidade financeira, o que, com o tempo, pode se tornar um problema.

Esses padrões não surgem do nada. Eles são herdados ou aprendidos ao longo da vida, muitas vezes de modo sutil e inconsciente. Pode ser difícil perceber como as experiências da infância e os ensinamentos familiares afetam a maneira como você toma decisões financeiras hoje, mas a verdade é que essas influências são mais poderosas do que imaginamos.

Como o passado impacta as decisões financeiras do casal

Imagine que, em um relacionamento, um dos parceiros tem uma visão positiva do dinheiro e do futuro, ao passo que o outro vive com medo constante de escassez. A razão desse medo pode estar nas experiências familiares do parceiro. Talvez ele tenha crescido em uma casa onde os conflitos sobre dinheiro eram frequentes, onde o estresse financeiro era uma realidade diária.

Esse medo da escassez pode ser transferido para o relacionamento, gerando um padrão de dúvidas e ansiedade sobre o futuro financeiro. O que parecia apenas uma preocupação prática, como "precisamos economizar mais para o futuro", por exemplo, pode rapidamente se transformar em um pânico constante de que não será o suficiente.

Por sua vez, o parceiro que cresceu em uma casa onde o dinheiro nunca foi um problema pode ver essa preocupação como excessiva ou até mesmo irracional. A diferença na percepção do dinheiro, por mais que pareça ser apenas uma questão de "como cada um lida com as finanças", tem raízes emocionais profundas.

Esses contrastes podem gerar tensões e, muitas vezes, a falta de compreensão mútua entre os parceiros. Um pode sentir que o outro está despreparado para os desafios financeiros, enquanto o outro pode se sentir pressionado ou até mesmo culpado por não conseguir "se preocupar" tanto com as finanças.

O medo do futuro financeiro é uma das emoções mais profundas e silenciosas que podem nos acompanhar por toda a vida e, muitas vezes, sem que a gente perceba, esse medo vem sendo transmitido de geração em geração.

Você já parou para pensar que, às vezes, seu medo de "não ter o suficiente" pode ser mais forte do que a realidade concreta? Ele nasce de histórias antigas: de escassez vivida na infância, de inseguranças nunca resolvidas, de silêncios que marcaram a relação de sua família com o dinheiro. E esse medo, quando não é reconhecido, pode se transformar em decisões financeiras distorcidas.

Algumas pessoas reagem a ele tentando compensar: gastam por impulso, fazem compras emocionais, buscam, no consumo, uma dose rápida de prazer. E há uma explicação neuroquímica para isso: toda vez que você compra algo novo, o cérebro libera dopamina, o neurotransmissor do prazer e da recompensa. A mesma substância liberada quando comemos chocolate, recebemos curtidas ou vencemos um jogo. Por isso, comprar se torna uma válvula de escape emocional, uma solução inconsciente de tentar aliviar frustrações, angústias ou o peso da vida que parece fora do controle.

Outras pessoas reagem ao medo de modo oposto: economizam de maneira rígida, evitam qualquer gasto desnecessário e vivem presas em um estado de alerta constante, onde o prazer é sempre adiado "para depois"; mesmo quando a estabilidade financeira já existe.

Esses padrões também se refletem nos relacionamentos. Quem tem uma postura mais relaxada com o dinheiro pode não compreender a ansiedade do parceiro que teme perder tudo. E o que parece ser uma preocupação excessiva, muitas vezes, é o reflexo de dores reais vividas no passado ou aprendidas pela observação dos pais, avós, tios. Cada um carrega uma história.

A chave aqui está na consciência. Quando entende o que está por trás de suas decisões, seja o medo, a impulsividade, a necessidade de controle ou a busca por aprovação, você começa a ter mais liberdade para escolher diferente.

Não se trata apenas de quanto dinheiro se tem, e sim do que ele representa: segurança, liberdade, amor, poder, pertencimento. E quando não curamos essas feridas internas, o dinheiro passa a carregar um peso maior do que deveria.

O convite é simples, mas poderoso: em vez de repetir, escolher. Em vez de reagir, compreender. Em vez de compensar no consumo, buscar equilíbrio na consciência.

Quando um dos parceiros tem traumas financeiros, como crescer em uma família marcada pela pobreza ou pela falta de segurança financeira, ele pode se tornar excessivamente preocupado com o futuro. Esse medo pode gerar um comportamento financeiro reativo, como guardar dinheiro de maneira excessiva ou evitar gastar até mesmo quando as condições financeiras são boas, por exemplo.

O que acontece aqui é que a emoção de medo acaba se tornando o maior impulsionador das decisões financeiras, e não a razão. Esse padrão pode ser destrutivo, criando um ciclo de ansiedade financeira e, consequentemente, afetando a qualidade de vida do casal.

É possível, sim, superar as influências do passado e construir uma nova relação com o dinheiro, mais leve, consciente e alinhada com quem você deseja ser. Mas, para isso, é preciso começar pelo que muitas vezes fica invisível: as emoções.

O primeiro passo não é planilhar, cortar gastos ou investir melhor. O primeiro passo é reconhecer que suas decisões financeiras não são puramente racionais. Elas são moldadas, muitas vezes sem perceber, por medos antigos, inseguranças herdadas e reações emocionais automáticas. E enquanto essas emoções estiverem no comando, nenhuma planilha será suficiente.

Por trás de muitos comportamentos sabotadores, como gastar por impulso, acumular dívidas, adiar decisões importantes ou não conseguir investir, está um cérebro em estado de alerta. O sistema nervoso reage ao dinheiro como a uma ameaça: com respostas de luta, fuga ou congelamento.

- **Luta:** enfrenta o problema gastando mais, como se o consumo fosse uma forma de recuperar o controle.
- **Fuga:** evita olhar a conta bancária, ignora as dívidas, se distrai para não pensar na realidade financeira.
- **Congelamento:** fica paralisado diante das decisões. Não sabe por onde começar, por isso não sai do lugar.

Esses estados são alimentados por gatilhos emocionais profundos, muitas vezes vindos da infância: o medo de não ter, a ansiedade de perder tudo, a raiva por depender de alguém, a culpa por querer mais. E eles criam um mindset de escassez, uma descrença silenciosa no próprio futuro: "Isso não é pra mim", "Nunca vou sair dessa situação", "Não adianta tentar".

O problema é que esse tipo de mentalidade sabota qualquer tentativa de mudança. Você pode até querer economizar, mas algo dentro de você grita que vai dar errado. Você tenta se planejar, mas o medo fala mais alto. E, sem perceber, repete padrões antigos, mesmo sabendo que eles machucam você.

A boa notícia é que não precisa continuar assim.

Quando você entende esses gatilhos, começa a criar espaço entre o impulso e a ação. Começa a fazer pausas, a respirar, a refletir antes de repetir. E, com o tempo, essa nova consciência traz liberdade. Liberdade para escolher diferente. Para cuidar melhor de si mesmo. Para construir, juntamente com quem você ama, uma nova história financeira.

O passado pode ter deixado marcas, mas ele não precisa definir seu destino. Aqui estão algumas dicas para começar a mudar sua relação emocional com o dinheiro:

1. **Reconheça seus medos financeiros.** Pergunte-se: "Quais são as minhas maiores preocupações financeiras? Por que elas surgem?". É importante identificar se essas preocupações são embasadas em fatos atuais ou se têm raízes no passado.
2. **Compartilhe suas emoções financeiras com seu parceiro.** Ao compartilhar suas inseguranças e ansiedades financeiras com seu parceiro, você cria um ambiente de empatia e compreensão. Juntos,

vocês podem trabalhar para transformar essas emoções em decisões financeiras mais equilibradas.

3. **Crie novos padrões financeiros.** Compreender o que você aprendeu sobre dinheiro no passado é fundamental. Agora, é hora de reprogramar esses hábitos e crenças. Ao fazer isso de forma conjunta, você e seu parceiro podem construir um novo padrão financeiro, que reflete seus valores e objetivos.

Agora, pare e pense: como seu passado emocional e financeiro tem influenciado as decisões que você toma hoje? Você pode reconhecer padrões que foram herdados de sua família ou até mesmo de experiências passadas? Como você pode trabalhar para mudar esses padrões e criar um relacionamento mais saudável e equilibrado com o dinheiro?

ATIVIDADE: SEU MOMENTO-CHAVE COM O DINHEIRO

Objetivo: gerar reflexão rápida e prática sobre como o passado financeiro influencia suas escolhas hoje, sem precisar desenhar, escrever muito ou fazer longos resgates.

Como fazer em 10 minutos?

1. Escolha uma lembrança que marcou sua relação com o dinheiro.
   - Feche os olhos por 1 minuto e pense: Qual foi a experiência mais marcante que você teve com dinheiro na infância ou adolescência?

EXEMPLOS:

Meus pais brigavam por causa de dívidas.
Ganhei meu primeiro salário e comprei algo que queria muito.
Fui ensinado a ter medo de gastar.

2. Escreva em uma frase como essa experiência ainda impacta você hoje.

EXEMPLOS:

Tenho dificuldade em confiar em investimentos.
Sinto culpa quando gasto com algo que desejo.
Tenho orgulho de conseguir guardar dinheiro.

3. Compartilhe com seu parceiro.

- Conte essa lembrança e o impacto que ela tem em você.

SÓ OUVIR, SEM JULGAR OU CORRIGIR.

O objetivo é entender o que o outro carrega.

4. Crie uma nova frase para guiar suas escolhas a partir de agora.

EXEMPLOS:

Eu posso usar o dinheiro para criar paz, não brigas.

Posso investir com responsabilidade e sem medo.

Posso realizar meus sonhos com equilíbrio.

DICA: coloque essa frase no celular, na carteira ou na geladeira.

06

CONTAS SEPARADAS OU CONJUNTAS?: O MÉTODO RAIZ

A decisão entre manter contas separadas ou conjuntas é um tema comum entre casais e pode influenciar tanto a estabilidade financeira quanto a harmonia no relacionamento. Muitos casais que optam por unir as finanças relatam uma sensação maior de parceria e bem-estar na vida a dois, sobretudo quando há clareza sobre a divisão de responsabilidades.

Por outro lado, manter contas separadas é visto, por alguns, como uma maneira de preservar a autonomia individual e evitar conflitos relacionados ao dinheiro. Essa escolha pode oferecer mais liberdade, mas também exige um alto nível de organização e comunicação.

O mais importante é que a decisão reflita a dinâmica do casal, considerando as preferências, níveis de confiança e estilo de vida. Não existe um único modelo ideal. O essencial é encontrar um equilíbrio que fortaleça tanto a saúde financeira quanto o vínculo emocional.

Quando um casal decide unir as vidas, está unindo histórias, crenças, hábitos, expectativas... e carteiras. É nesse momento que surge uma pergunta quase inevitável: "Devemos ter contas separadas ou conjuntas?".

Essa dúvida, tão comum quanto difícil de responder, revela algo profundo: o dinheiro, mais do que um recurso prático, carrega significados afetivos, emocionais e até simbólicos. Ele pode representar segurança, liberdade, controle, amor, poder ou cuidado, dependendo da bagagem de cada pessoa.

E quando duas pessoas com vivências diferentes se propõem a compartilhar uma vida, surge o desafio: como organizar o dinheiro de modo a respeitar a individualidade, promover o senso de parceria e proteger o equilíbrio emocional da relação?

O dilema: juntar tudo ou separar tudo?

Ao longo do tempo, muitos casais escolheram modelos distintos, como:

Contas conjuntas: união e visão compartilhada

Essa abordagem representa a ideia de "tudo nosso". Entradas e saídas são centralizadas, o orçamento é único, e todas as decisões financeiras são tomadas de maneira conjunta.

Vantagens:

- Demonstra uma visão clara e centralizada do orçamento da família.
- Há mais facilidade para planejar objetivos comuns.
- Promove senso de construção coletiva e transparência.

Desvantagens:

- Pode gerar desequilíbrio emocional se um dos cônjuges se sentir mais responsável ou mais controlador.
- Falta de autonomia individual pode causar frustração.
- Há uma tendência a conflitos sobre pequenas despesas pessoais.

Contas separadas: liberdade e autonomia

Nesse modelo, cada um administra a própria renda. As despesas da casa são divididas por acordo (meio a meio ou proporcionalmente), mas cada um mantém seu espaço financeiro.

Vantagens:

- Preserva a autonomia de cada pessoa.
- Evita discussões sobre pequenos gastos individuais.
- Pode proteger o casal de desgastes relacionados a estilos financeiros diferentes.

Desvantagens:

- Pode gerar desconexão se não houver um sistema claro para os objetivos em comum.

- Pode alimentar a ideia de que "meu dinheiro é meu" e "seu problema é seu".
- Torna difícil o acompanhamento de metas familiares compartilhadas.

A realidade: o que está por trás dessa escolha?

Por trás dessa decisão estão valores subjetivos. Às vezes, o parceiro que quer contas separadas teve experiências de controle excessivo. Às vezes, quem defende contas conjuntas quer apenas mais clareza e segurança.

A grande armadilha é transformar essa escolha em um jogo de poder. A forma como o casal organiza suas finanças não deve ser um reflexo de desconfiança, submissão ou medo. Ela precisa ser uma ferramenta de fortalecimento da relação.

Essa organização precisa respeitar três fundamentos:

1. **Autonomia:** cada pessoa deve manter sua dignidade financeira, inclusive quem eventualmente não gera renda.
2. **Transparência:** o casal precisa enxergar junto os caminhos financeiros que está trilhando.
3. **Equidade:** nem sempre a divisão será igual, mas deve ser justa de acordo com a realidade de cada um.

O que muitos casais sentem (mas nem sempre dizem)

- "Sinto que não tenho liberdade para gastar com o que gosto."
- "Ele(a) gasta demais e eu fico tentando segurar o orçamento."
- "Tenho vergonha de não contribuir com dinheiro."
- "Gostaria de fazer uma reserva só minha."
- "Parece que estamos em contas diferentes até emocionalmente."

Essas frases mostram que a escolha do modelo de contas não envolve apenas dinheiro, mas dinâmicas emocionais e afetivas. Por isso, o ideal seria um caminho que unisse os pontos fortes dos dois modelos, sem seus principais pontos fracos.

Uma nova alternativa: o Método RAIZ

Foi com base na escuta dessas dores que surgiu o Método RAIZ, um modelo híbrido de gestão financeira para casais, que promove o equilíbrio entre individualidade e parceria.

Ele parte do princípio de que um relacionamento saudável se constrói com confiança, liberdade, visão coletiva e senso de justiça. "RAIZ" é um acrônimo que representa os pilares desse método:

- **R**enda com responsabilidade compartilhada.
- **A**utonomia pessoal preservada.
- **I**ntegração financeira estratégica.
- **Z**elo com o futuro e com quem se ama.

MÉTODO RAIZ: RENDA, AUTONOMIA, INTEGRAÇÃO E ZELO

Porque uma família próspera se constrói da raiz aos frutos.

O QUE É O MÉTODO RAIZ?

O Método RAIZ é uma estratégia inteligente de organização financeira para casais que desejam viver com autonomia, transparência e união. Ele ajuda a equilibrar o cuidado com as finanças da família sem abrir mão da individualidade de cada um.

Ao aplicar o método, o casal passa a dividir a vida financeira em três contas principais:

1. Conta pessoal do cônjuge 1 (autonomia);
2. Conta pessoal do cônjuge 2 (autonomia);
3. Conta conjunta da família (integração).

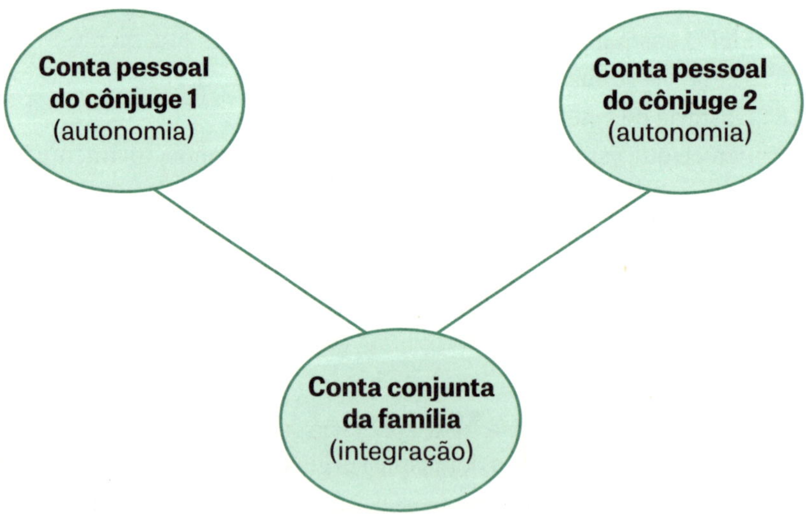

O segredo está no equilíbrio entre liberdade e responsabilidade.

COMO FUNCIONA O MÉTODO RAIZ?

1. R – RENDA: mapeamento e definição de fluxos

O primeiro passo é entender quanto entra por mês (renda fixa e/ou variável) e definir como o dinheiro será distribuído.

- Para casais com renda fixa, define-se um valor fixo mensal para as contas pessoais.
- Para casais com renda variável, define-se um percentual da renda recebida que será destinado às contas pessoais.

EXEMPLO:

Se Marcos e Ana têm renda variável, podem definir que 20% do que cada um ganhar será mantido na conta pessoal, e 80% vai para a conta conjunta.

2.A – AUTONOMIA: contas pessoais para liberdade individual

Cada cônjuge terá a própria conta pessoal com valor mensal acordado entre o casal. Essa conta é para gastos pessoais que não precisam de justificativa: presentes, hobbies, beleza, lazer com amigos etc. Essa autonomia:

- evita microgestão e ressentimentos;
- garante dignidade financeira para quem não gera renda diretamente;
- fortalece a confiança e o respeito mútuo.

Se um dos cônjuges não tem renda, o casal define um valor fixo da renda total que será transferido mensalmente para sua conta pessoal. Esse valor é simbólico e funcional: representa que cuidar da casa, dos filhos ou estudar também é gerar valor.

3.I – INTEGRAÇÃO: a conta conjunta para a vida a dois (ou a muitos)

Todo o restante da renda vai para a conta conjunta. Essa conta é o coração do planejamento familiar. Deve ser organizada para cobrir:

- Contas fixas: aluguel, luz, escola, plano de saúde etc.
- Contas variáveis: supermercado, lazer familiar, transporte etc.
- Objetivos de curto, médio e longo prazos:

- Curto: férias, reformas.
- Médio: carro, mudança.
- Longo: aposentadoria, liberdade financeira.

- Investimentos familiares.
- Investimentos para os filhos.

A cada mês, o casal define junto como o dinheiro da conta conjunta será alocado. Isso deve ser feito de modo transparente e colaborativa.

4.Z – ZELO: revisão, conversa e cuidado contínuo

A cada mês (ou a cada ciclo confortável), o casal reserva um momento para:

- revisar as despesas;
- celebrar conquistas,
- ajustar metas e estratégias.

Isso pode ser feito com leveza: um café da manhã especial ou um jantar informal. O importante é não fugir do assunto e tratar o dinheiro como um aliado da parceria.

POR QUE O MÉTODO RAIZ FUNCIONA?

- Cria equilíbrio emocional e financeiro.
- Evita conflitos por dinheiro.
- Fortalece a confiança.
- Respeita a individualidade.
- Organiza os sonhos em conjunto.
- Garante autonomia para quem não tem renda ativa.

ATIVIDADE: ESCOLHENDO O MELHOR MODELO FINANCEIRO PARA O CASAL

Objetivo: ajudar o casal a entender as preferências financeiras e encontrar um modelo de gerenciamento de dinheiro que funcione melhor para ambos.

1. Autoavaliação

Cada parceiro deve responder individualmente às seguintes perguntas:

- Como eu me sinto em relação a dinheiro no casamento? (segurança, liberdade, preocupação, controle etc.).

- Prefiro contas conjuntas, separadas ou uma combinação delas? Por quê?
- Como era a administração do dinheiro em minha família? Isso influenciou minha visão atual?
- O que mais me preocupa quando penso na gestão financeira do casal?

2. Discussão em dupla

- Compartilhem suas respostas um com o outro.
- Identifiquem pontos em comum e diferenças na forma como cada um vê o dinheiro.
- Discutam as vantagens e os desafios de cada modelo (contas conjuntas, separadas ou híbridas).

3. Escolhendo um modelo

Com base na conversa, decidam qual modelo faz mais sentido para vocês:

- **Contas conjuntas:** tudo no mesmo lugar, com orçamento e planejamento compartilhado.
- **Contas separadas:** cada um mantém sua independência financeira, dividindo as despesas.
- **Modelo híbrido (Método RAIZ):** uma conta conjunta para despesas familiares e contas individuais para gastos pessoais.

4. Criando um plano financeiro

- Como será a divisão das despesas?
- Como garantir que ambos contribuam de maneira justa?
- Como será a comunicação sobre dinheiro no dia a dia? (exemplo: reuniões mensais sobre finanças).

DICA EXTRA: façam essa atividade uma vez por ano para ajustar a estratégia conforme as necessidades mudam!

07

INVESTINDO A DOIS: COMO CONSTRUIR UM PATRIMÔNIO JUNTOS

Construir um patrimônio em conjunto em um relacionamento vai além de tomar decisões financeiras; é também um reflexo da comunicação, da confiança e dos objetivos compartilhados entre os parceiros. Mudanças financeiras, como o aumento do endividamento, podem afetar diretamente a satisfação no relacionamento, tornando ainda mais importante uma abordagem colaborativa na gestão das finanças.

A forma como os casais administram as finanças pode ter um grande impacto na qualidade do relacionamento. Finanças mal administradas ou a falta de transparência podem gerar conflitos e afetar a harmonia conjugal. Porém, quando há alinhamento nas decisões financeiras, isso fortalece tanto o patrimônio quanto o vínculo emocional, criando uma base sólida para um relacionamento mais saudável e satisfatório.

Portanto, ao investir juntos, os casais precisam construir um entendimento financeiro mútuo, de modo que as decisões sobre dinheiro sejam tomadas de maneira conjunta, o que ajuda a garantir um futuro financeiro estável e fortalecer a parceria.

Q**uando se fala em construir um patrimônio, muitos casais se** concentram apenas nas compras grandes: a casa própria, o carro novo, as férias dos sonhos. Mas, ao olhar mais de perto, podemos perceber que construir um patrimônio de verdade vai além desses marcos. Trata-se de uma mentalidade coletiva que envolve o planejamento a longo prazo, o controle dos gastos e, principalmente, o investimento inteligente.

Investir juntos é uma das maneiras mais eficazes de garantir que o esforço financeiro de ambos traga frutos ao longo do tempo. Mas como fazer isso? Como transformar o desejo de construir um patrimônio em uma realidade sólida para o futuro? E mais importante: como fazer isso de maneira harmoniosa, considerando as individualidades de cada um no relacionamento?

Primeiro passo: alinhando os objetivos financeiros

Já falamos aqui sobre a importância de construir objetivos em conjunto, mas vale repetir. Antes de qualquer plano ou estratégia, o casal precisa ter clareza profunda sobre o que quer conquistar em conjunto.

Afinal, o que significa "construir patrimônio" para vocês? É morar em uma casa quitada, sem o peso das dívidas? É garantir que os filhos estudem com qualidade, sem depender de financiamentos? É ter uma reserva de emergência que traga tranquilidade e, além disso, começar a investir para um futuro mais livre e seguro?

Cada casal tem a própria definição de segurança, sucesso e realização. Por isso, alinhar essas visões é o primeiro passo para transformar sonhos em metas e metas em conquistas reais. Os objetivos de cada um podem ser diferentes, mas, para que ambos sigam na mesma direção, é necessário encontrar um ponto de convergência. Quando os dois sabem exatamente o que querem alcançar, fica mais fácil estabelecer um plano de ação, definir metas mensais e anuais e, claro, começar a trabalhar em conjunto.

A construção de um patrimônio não acontece do dia para a noite. Para muitos casais, isso significa estabelecer um plano de longo prazo, que pode incluir o pagamento de dívidas, o aumento da poupança e o começo dos investimentos.

Segundo passo: entendendo os investimentos

Agora, falemos sobre os investimentos propriamente ditos. Quando o casal decide começar a investir, não está apenas pensando em construir um patrimônio financeiro; está, também, buscando segurança e independência financeira. Mas como começar?

Investir é um conceito que muitas pessoas acham complicado, sobretudo quando se fala em ações, fundos imobiliários e outros produtos financeiros. No entanto, o primeiro passo é começar com o básico: entender onde colocar o dinheiro para que o valor aumente ao longo do tempo.

Existem diversas opções de investimentos: poupança, fundos de investimento, ações, títulos públicos, entre outros. A escolha vai depender do perfil de risco do casal, do tempo disponível para alcançar os objetivos e da quantidade de dinheiro que têm para investir.

Aqui, é essencial que ambos os parceiros estejam informados. Investir juntos significa aprender juntos, tomar decisões coletivas e estabelecer uma estratégia de investimento que atenda aos objetivos e ao perfil financeiro de ambos.

Pergunta para reflexão: qual é o perfil de risco de vocês como casal? Estão dispostos a assumir riscos para alcançar um retorno maior ou preferem investir de maneira mais conservadora?

Terceiro passo: planejando continuamente

Construir um patrimônio em conjunto não é uma tarefa pontual. Revisões constantes e ajustes no planejamento financeiro são fundamentais para garantir que o casal esteja no caminho certo. Isso significa revisar periodicamente as metas financeiras e os investimentos, acompanhando os resultados e fazendo ajustes sempre que necessário.

Uma boa dica é fazer reuniões financeiras regulares. Muitas vezes, as finanças de um casal acabam sendo negligenciadas, seja pela correria do dia a dia, seja pela falta de tempo ou pela desorganização. Criar o hábito de revisar juntos a evolução dos investimentos e os resultados financeiros pode ser o diferencial para atingir o objetivo comum de formar um patrimônio sólido.

Lembre-se: o casamento é uma parceria. E o mesmo deve valer para as finanças. Um casal que investe junto, com uma visão alinhada, é muito mais forte financeiramente. As decisões são tomadas em conjunto, a carga de estresse é dividida e as vitórias são comemoradas a dois.

Pergunta para reflexão: como vocês podem incorporar uma revisão regular do planejamento financeiro na rotina do casal? Que ações podem ser tomadas para garantir que ambos participem ativamente da construção do patrimônio?

Quarto passo: diversificando e protegendo o patrimônio

Agora que vocês já têm um objetivo financeiro comum, entenderam o básico dos investimentos e começaram a investir, é hora de pensar em como proteger e diversificar o patrimônio. Diversificação é um princípio fundamental para minimizar riscos e aumentar as chances de sucesso financeiro a longo prazo.

Se ambos investem em apenas um tipo de ativo, como imóveis ou ações de uma única empresa, o risco é muito alto. Diversificar é a chave para proteger o patrimônio. Isso pode incluir diferentes tipos de investimento, como ações, renda fixa, imóveis, entre outros.

Além disso, é fundamental pensar em segurança financeira. Isso significa garantir que ambos estejam protegidos em caso de imprevistos, como a perda de emprego ou um problema de saúde grave. Ter uma boa reserva de emergência e considerar seguro de vida ou seguro de invalidez são passos importantes para garantir que o casal esteja bem protegido, mesmo em momentos de adversidade.

Pergunta para reflexão: como vocês estão diversificando seus investimentos? O patrimônio de vocês está protegido contra imprevistos?

Construindo o futuro juntos

Construir um patrimônio é mais do que apenas acumular dinheiro. Trata-se de planificar juntos, fazer escolhas alinhadas e aprender a tomar decisões financeiras em equipe. Quando um casal investe com clareza, transparência e compromisso, os resultados tendem a ser positivos.

É importante lembrar que o caminho para construir um patrimônio sólido pode ter altos e baixos. Pode ser que em alguns momentos os objetivos pareçam distantes, mas, com paciência e consistência, o esforço financeiro se traduzirá em resultados tangíveis ao longo do tempo.

Pergunta para reflexão: como vocês podem melhorar a colaboração nas finanças do casal? O que cada um pode fazer para contribuir para o crescimento e a proteção do patrimônio familiar?

ATIVIDADE: CONSTRUINDO UM PLANO DE INVESTIMENTOS A DOIS

Objetivo: ajudar o casal a alinhar os objetivos financeiros, compreender o perfil de investidor e elaborar um plano de investimentos conjunto para a construção de patrimônio.

1. Alinhando objetivos

- Cada um deve listar individualmente seus três principais objetivos financeiros para o futuro, de curto, médio e longo prazos (exemplo: comprar uma casa, garantir a educação dos filhos, ter uma aposentadoria confortável).

- Depois, discutam e identifiquem quais metas podem ser unificadas para um planejamento conjunto.

2. Descobrindo o perfil de investidor do casal

- Cada um deve responder: se tivéssemos que investir R$ 10.000 hoje, eu preferiria
  - A) algo seguro, com poucos riscos, mesmo que renda menos.
  - B) algo equilibrado, com pouco risco e chance de boa rentabilidade.
  - C) algo mais arriscado, buscando maior rentabilidade a longo prazo.
- Compare as respostas e vejam se o casal tem um perfil mais conservador, moderado ou arrojado.

3. Criando uma estratégia de investimentos

- Escolham juntos os tipos de investimento mais adequados ao perfil do casal (exemplo: renda fixa, ações, fundos imobiliários).
- Definam um percentual da renda para investir mensalmente.
- Decidam se preferem investimentos separados ou uma carteira conjunta.

4. Planejando e revisando continuamente

- Estabeleçam uma "Reunião financeira do casal" mensal para revisar os investimentos e ajustar a estratégia conforme necessário.
- Criem um plano de ação para diversificação e proteção do patrimônio (exemplo: reserva de emergência, seguros).

DICA EXTRA: usem aplicativos ou planilhas para acompanhar a evolução dos investimentos e celebrar os avanços!

A VERDADEIRA RIQUEZA DE UM CASAL

No fim das contas, investir a dois é muito mais do que números, planilhas ou aplicações financeiras. É construir algo que o dinheiro, sozinho, jamais poderia comprar: segurança, liberdade e paz de espírito compartilhada.

Quando um casal decide caminhar junto rumo a um futuro financeiro mais sólido, algo poderoso acontece: as conversas, antes difíceis, se transformam em planos animadores; as incertezas dão lugar à confiança mútua; e os medos, que antes pesavam nos ombros, agora são divididos e enfrentados com coragem e parceria.

Ter as finanças organizadas é ter liberdade para escolher uma vida com mais propósito. É poder viajar sem culpa, dormir tranquilo sabendo que o futuro está sendo cuidado, educar os filhos com consciência e, principalmente, viver o presente com mais leveza.

A verdadeira riqueza de um casal está na capacidade de sonhar junto, planejar junto e vencer junto. Porque, quando o amor é cultivado com responsabilidade financeira, ele floresce com mais segurança e propósito.

Então, que tal fazer das suas decisões financeiras uma extensão do seu amor? O próximo passo é de vocês. Sigam firmes, lado a lado, rumo a um futuro em que o patrimônio construído seja reflexo da união, da sabedoria e do compromisso de caminhar juntos, sempre.

PARTE 2

DINHEIRO PARA OS PAIS

A educação financeira é, sem dúvida, um dos legados mais valiosos que podemos deixar para nossos filhos. Para ensinar algo de modo eficaz, precisamos, antes, viver e entender esse conceito em nossas próprias vidas. Como pais, temos o privilégio e a responsabilidade de moldar a maneira como nossos filhos percebem o dinheiro, e isso começa com o exemplo. O que fazemos, e muitas vezes o que não fazemos, tem um impacto profundo na maneira como nossos filhos se relacionarão com as finanças ao longo de suas vidas.

Nesta parte do livro, vamos explorar como você, pai ou mãe, pode ser a chave para desenvolver uma mentalidade financeira sólida nas próximas gerações. Ao longo dos capítulos, vamos trabalhar o que ensinar e como ensinar, a partir de ações, exemplos e, mais importante ainda, com amor e sabedoria. A educação financeira não precisa ser um tema desconfortável ou difícil de abordar dentro de casa. Pelo contrário, ela pode ser o ponto de partida para fortalecer os laços familiares e preparar os filhos para um futuro de autonomia e prosperidade.

Claro, há desafios nessa jornada. Será que estamos protegendo nossos filhos demais ou estamos ensinando o suficiente sobre as realidades do dinheiro? Estamos oferecendo suporte quando necessário ou estamos criando dependência financeira? Em tempos de dificuldades, como ajudá-los sem que isso prejudique a capacidade de autossuficiência? E mais importante: o que realmente queremos deixar para nossos filhos? Mais do que bens materiais, quais valores e habilidades financeiras estamos transmitindo?

Ao longo desta parte, vamos responder a essas questões e guiar você por meio de práticas e reflexões que vão ajudá-lo a ser um responsável financeiramente inteligente. Porque ser um bom educador financeiro é muito mais do que ensinar a poupar ou investir; trata-se de preparar seus filhos para viver de maneira independente e bem-sucedida, com um entendimento claro sobre como o dinheiro pode ser uma ferramenta para alcançar os próprios sonhos.

Prepare-se para a transformação! Está na hora de se tornar o guia financeiro que seus filhos merecem.

Uma família "normal"

A família Cardoso parecia normal aos olhos dos vizinhos: pai, mãe e três filhos, sendo dois adolescentes e uma criança. Moravam em um apartamento financiado, tinham carro (também financiado) e estavam sempre conectados às últimas tendências: celulares novos, roupas de marca, viagens parceladas. Mas, por trás das aparências, havia um desequilíbrio silencioso, emocional e financeiro.

O pai, Renato, trabalhava muito e quase não parava em casa. Cresceu ouvindo que "dinheiro é tudo" e acreditava que prover materialmente já era o suficiente para ser um bom pai. O jeito dele de compensar a ausência era com presentes. Comprava o que os filhos pediam, mesmo sem ter o dinheiro, confiando no limite do cartão e em empréstimos pessoais. Nunca falou com ninguém sobre o quanto estava endividado.

A mãe, Denise, era dona de casa e vivia constantemente ansiosa. Vinha de um lar muito rígido, no qual falar sobre dinheiro era falta de educação. Por isso, evitava completamente o assunto, até mesmo quando as contas atrasavam. Sentia vergonha de pedir ajuda, e o maior medo era que os filhos passassem por privações, então cedia a todos os desejos deles. Tentava manter a imagem de uma família estável, mas vivia preocupada com as ligações do banco e os cortes de serviços.

Os filhos, Gustavo (17), Marina (14) e Pedro (7), cresceram vendo essa confusão silenciosa. Gustavo já havia tentado pegar um "empréstimo" com amigos para comprar um tênis caro. Não via problema em dever, porque os pais estavam sempre "dando um jeito". Marina era consumista e ansiosa como a mãe. Fazia compras compulsivas on-line com o cartão dos pais, sem pensar nas consequências. E o pequeno Pedro já repetia frases como: "É só passar no cartão, mãe", mesmo sem saber o que isso significava.

Além disso, a casa dos Cardoso era marcada por brigas frequentes. Renato e Denise acusavam-se mutuamente pela situação financeira. Renato dizia que Denise "não ajudava com nada", e Denise retrucava que ele "só pensava em dinheiro". As crianças ouviam tudo. O dinheiro era uma sombra constante, e mesmo que nunca falado de maneira clara, estava sempre presente nos olhares, nas dívidas e nas tensões.

Não havia diálogo sobre orçamento, metas, economia ou sonhos. Os filhos nunca foram ensinados a lidar com dinheiro de modo responsável. Gustavo não sabia o que era um orçamento. Marina não sabia o que significava guardar dinheiro. E Pedro... bem, Pedro já estava aprendendo que o dinheiro causa briga, medo e silêncio.

Na casa dos Cardoso, o dinheiro nunca foi uma ferramenta. Era um inimigo invisível que controlava o humor, os relacionamentos e o futuro da família.

DIAGNÓSTICO DA FAMÍLIA CARDOSO

1. Falta de comunicação sobre dinheiro.

- **Erro:** o casal evitava conversas financeiras, mesmo em momentos críticos.
- **Consequência:** a ausência de diálogo gerou desentendimentos, falta de planejamento e perpetuação de comportamentos permissivos nos filhos. O silêncio virou cúmplice do descontrole.

2. Ausência de planejamento financeiro familiar.

- **Erro:** não havia orçamento, metas, nem divisão de responsabilidades. Nenhuma planilha, nenhum plano.
- **Consequência:** a família vivia no improviso, lidando com as crises à medida que elas surgiam. Isso gerava estresse, dívidas crescentes e falta de direção.

3. Compensação emocional com consumo.

- **Erro:** Renato compensava a ausência emocional com presentes e mimos. Denise, com medo de frustração, cedia a todos os desejos dos filhos.
- **Consequência:** os filhos passaram a associar amor, autoestima e recompensa com consumo. Desenvolveram um padrão de gratificação imediata, sem consciência financeira.

4. Modelos de crenças limitantes e comportamentos herdados.

- **Erro: Denise** trazia uma crença de que falar de dinheiro era feio, ao passo que Renato acreditava que "dinheiro se resolve depois". Nenhum dos dois tentou mudar essa herança familiar.
- **Consequência:** os filhos herdaram essas visões distorcidas, e medo, despreparo e desinformação foram passados adiante como "normalidade".

5. Falta de exemplo prático e coerente.

- **Erro:** os pais diziam que a vida era difícil, mas continuavam consumindo sem critério. Falavam de "economizar", mas gastavam impulsivamente.
- **Consequência:** os filhos cresceram sem referência sólida. Foram expostos à incoerência, o que confunde, desacredita e deseduca.

6. Acesso precoce ao crédito sem orientação.

- **Erro:** Gustavo recebeu um cartão de crédito sem antes aprender o que é limite, juros ou o conceito de "emergência".
- **Consequência:** contraiu dívida em semanas, criando uma experiência traumática precoce com o crédito. Perdeu a chance de aprender a usar o cartão como ferramenta.

7. Falta de introdução à educação financeira infantil.

- **Erro:** Pedro, o caçula, já reproduzia frases consumistas sem entender o que significavam. Não havia educação financeira em casa, nem mesmo nas brincadeiras.
- **Consequência:** a cultura da irresponsabilidade já estava sendo passada à nova geração. Um ciclo que se repete.

8. Individualismo financeiro na família.

- **Erro:** Denise guardava dinheiro em segredo. Renato fazia dívidas sozinho. Nenhum dos dois compartilhava seus planos ou medos.
- **Consequência:** a família vivia como se fossem indivíduos isolados, e não um time. Não havia senso de construção conjunta, nem de segurança emocional.

A família Cardoso se viu presa em um ciclo disfuncional: consumo impulsivo, medo de falar sobre dinheiro, ausência de planejamento e total falta de educação financeira. Tudo isso sustentado por crenças antigas e comportamentos herdados, que passavam de geração em geração sem questionamento. O resultado? Um ambiente instável, em que o dinheiro deixou de ser uma ferramenta e passou a ser um vilão silencioso, que estava sempre presente, mas raramente discutido. E assim, sem perceber, os filhos começaram a repetir os mesmos erros dos pais, acreditando que essa era a única maneira de viver.

Sua história, no entanto, não precisa seguir o mesmo roteiro. Sua família não precisa viver à sombra do medo financeiro. Seus filhos não estão condenados a repetir padrões disfuncionais, eles podem ser protagonistas de uma nova realidade.

Nos próximos capítulos, vamos caminhar juntos por um processo de transformação. Você vai descobrir como se tornar um pai ou uma mãe financeiramente inteligente: alguém que educa pelo exemplo, que fala de dinheiro com naturalidade e que prepara os filhos para um futuro de autonomia, responsabilidade e prosperidade.

Porque nunca é tarde para mudar. E você pode ser exatamente a mudança que sua família precisa.

Vamos nessa?

08

COMO SE PREPARAR FINANCEIRA E EMOCIONALMENTE PARA TER UM FILHO

A decisão de ter um filho é uma das mais significativas da vida adulta, seja do ponto de vista prático como também do emocional, relacional e financeiro. Essa escolha envolve mais do que montar um enxoval ou calcular o custo das fraldas; exige preparo interior, alicerce emocional e, principalmente, um compromisso com a construção consciente de um novo ambiente familiar.

A chegada de uma criança transforma a dinâmica do casal, amplia responsabilidades e intensifica os desafios financeiros. Nessas horas, o que sustenta a estabilidade não é apenas a renda disponível, mas também a qualidade do diálogo, o grau de alinhamento entre os pais e a clareza de propósito sobre o futuro que desejam oferecer.

Famílias emocionalmente fortalecidas e financeiramente conscientes são capazes de criar espaços mais seguros, onde a criança pode crescer com autonomia e pertencimento. Isso começa bem antes do nascimento: já está na maneira como os pais lidam com o estresse, resolvem conflitos e encaram o dinheiro como parte essencial da saúde do lar, não como um tabu.

Não existe planejamento financeiro eficaz sem inteligência emocional. Da mesma forma, não há estabilidade emocional duradoura sem um mínimo de organização financeira. Preparar-se para ter um filho é, acima de tudo, alinhar esses dois mundos. É cultivar segurança interna para lidar com o inesperado e estrutura externa para sustentar a rotina.

Construir essa base sólida é sinal de responsabilidade amorosa, pois o maior presente que podemos dar aos nossos filhos é a tranquilidade de crescer em um ambiente onde amor, limites, escolhas e recursos caminham juntos e alinhados com verdade, presença e propósito.

Ter um filho é, ao mesmo tempo, um ato de amor e um salto no des-conhecido. Você está pronto para esse salto? Está disposto a ver sua vida se transformar por completo, desde a rotina até a maneira como sente, decide e constrói o futuro?

Você já parou para pensar no que realmente significa multiplicar a vida? E em como isso muda, para sempre, quem você é, o que você prioriza e aonde quer chegar?

A chegada de um filho nos convida a abraçar o incontrolável, mas isso significa abrir mão do planejamento? Como encontrar o equilíbrio entre deixar a vida fluir e construir, com responsabilidade, o ninho que essa nova vida vai habitar?

Você e seu parceiro já conversaram profundamente sobre isso? O que ainda está no silêncio e precisa se tornar palavra? Existe clareza sobre os medos, os desejos, os limites e os recursos de vocês dois?

O preparo emocional começa muito antes do teste positivo. E o planejamento financeiro também. Como está o alinhamento entre o que vocês sonham e o que realmente está sendo feito para chegar lá?

Neste capítulo, vamos caminhar juntos por essas perguntas. Vamos entender como unir razão e emoção, números e sentimentos, planilhas e propósito. Afinal, preparar-se para ter um filho não é apenas uma questão de estrutura; trata-se de uma escolha diária de consciência, coragem e conexão.

O lado emocional da chegada

Ninguém está 100% pronto para ser pai ou mãe. E tudo bem. A parentalidade nos reinventa e não exige perfeição, mas disponibilidade. A chegada de um filho pode despertar medos profundos: será que dou conta? E se faltar dinheiro? E se eu não conseguir oferecer tudo que gostaria?

Essas perguntas são legítimas e comuns. E é importante olhá-las de frente. Ignorá-las só aumenta a ansiedade. Encará-las com honestidade, por outro lado, nos aproxima do que realmente importa: a presença.

A psicóloga e pesquisadora Brené Brown nos lembra de que "a vulnerabilidade é o berço da inovação, da criatividade e da mudança". Trazer um filho ao mundo é se permitir estar vulnerável, mas nunca indefeso. É justamente por isso que o planejamento financeiro entra como um pilar de segurança: para dar chão ao coração.

Por onde começar o planejamento financeiro?

Ter um filho muda tudo: o corpo, a casa, os horários, os sonhos... e o orçamento.

Ao contrário do que muitos pensam, planejar financeiramente não é um exercício de frieza, e sim de amor. Afinal, prever custos, reorganizar prioridades e fortalecer a base econômica da família é uma forma concreta de dizer: "Estou me preparando para receber você bem".

1. Façam um diagnóstico financeiro honesto.

Antes de qualquer passo, entenda onde vocês estão:

- Qual é a renda líquida do casal?
- Quanto é gasto por mês? Com o quê?
- Existe algum endividamento? Alguma reserva?
- Há margem para redirecionar valores?

Essa fotografia financeira é o ponto de partida para decisões assertivas.

2. Montem um orçamento para a gravidez e o primeiro ano do bebê.

Veja alguns itens essenciais para incluir no orçamento:

- Consultas médicas e exames.
- Plano de saúde (ou parto particular).
- Enxoval.
- Fraldas, alimentação e vacinas.
- Adaptações na casa.
- Possível redução de renda (licença-maternidade ou paternidade).

Aqui, vale a regra dos 3 "Cs": Calcular, Cortar e Criar alternativas. Cortar excessos, criar soluções viáveis e calcular cenários realistas são partes de um bom plano.

3. Construam uma reserva específica.

Além da reserva de emergência (de três a seis meses de despesas fixas), ter uma reserva para o bebê ajuda a evitar dívidas e improvisos. A recomendação mínima é acumular de quatro a seis meses do custo estimado do novo orçamento familiar.

4. Alinhem expectativas e estilo de vida.

Ter um filho não precisa (e não deve) ser sinônimo de endividamento. É comum o casal desejar "dar o melhor", mas é preciso lembrar que "o melhor" não é o mais caro. É o mais afetuoso, coerente e sustentável.

Como saber se o seu padrão de vida está adequado à sua renda?

Muitas famílias vivem no limite sem perceber. Gastam mais do que deveriam para o nível de renda que possuem, acumulam dívidas ou abrem mão de objetivos importantes porque o dinheiro parece nunca ser suficiente. Mas como saber, na prática, se o padrão de vida de sua família está dentro do que a renda comporta?

A resposta está em olhar para os números e entender o peso de cada gasto em seu orçamento. A seguir, você vai aprender o passo a passo para avaliar se os custos de sua família estão equilibrados e como ajustar o padrão de vida, se necessário.

Passo 1 – Saiba exatamente qual é a renda mensal da família.

Comece somando todas as fontes de renda líquida (o que realmente entra na conta, já descontados impostos e contribuições):

- Salários.
- Bicos.
- Rendimentos fixos (aluguéis, pensões etc.).

EXEMPLO:

Se um casal ganha juntos R$ 10.000 líquidos por mês, essa é a base para calcular o padrão de vida.

Passo 2 – Entenda quanto deveria ser o limite de cada grande despesa.

Aqui estão as faixas recomendadas para um orçamento equilibrado:

- Moradia (aluguel ou financiamento + condomínio + IPTU) ➡ Ideal: até 30% da renda ➡ No exemplo (R$ 10.000): cerca de $ 3.000 por mês.
- Educação (escola + materiais + cursos) ➡ Ideal: até 25% da renda ➡ No exemplo: até R$ 2.500 por mês.
- Carro (financiamento + combustível + seguro + manutenção + impostos) ➡ Ideal: até 20% da renda ➡ No exemplo: até R$ 2.000 por mês.

- Alimentação (supermercado + delivery + feira + padaria) ➡ Ideal: até 25% da renda ➡ No exemplo: até R$ 2.500 por mês.
- Outros (lazer, roupas, viagens, academia, saúde, plano de internet, celular etc.) ➡ O restante deve cobrir esses itens e, claro, reservas e investimentos (o recomendado é poupar ao menos 10% a 20% da renda).

Passo 3 – Coloque seus gastos reais no papel.

Liste os gastos mensais reais e compare com os limites. Exemplo de uma família com R$ 10.000 de renda:

Categoria	Gasto real	Limite recomendado
Moradia	R$ 3.200	Até R$ 3.000
Educação	R$ 3.000	Até R$ 2.500
Carro	R$ 2.500	Até R$ 2.000
Alimentação	R$ 2.800	Até R$ 2.500

ALERTA: essa família está acima do limite em todas as grandes categorias. O padrão de vida está acima do que a renda comporta, e isso tende a gerar estresse financeiro, endividamento ou falta de espaço para poupar.

Passo 4 – O padrão de vida precisa ser abaixo do que você pode pagar.

Aqui está o ponto-chave: ter um padrão de vida ajustado à renda não significa viver no limite do que você pode pagar. O ideal é viver um degrau abaixo.

Isso cria margem para:

- construir uma reserva de emergência;
- realizar sonhos maiores (exemplos: casa própria, viagens, aposentadoria);
- ter mais tranquilidade diante de imprevistos.

Passo 5 – Faça escolhas em equipe.

Se você é casado ou tem filhos, o padrão de vida não deve ser decidido no impulso de um só. Conversar, definir metas e comprometer-se como time evita que um desequilibre o esforço do outro.

EXEMPLO PRÁTICO: em vez de assumir um financiamento de carro de R$ 2.500 porque "cabe no bolso", o casal decide limitar o custo do carro a R$ 1.500 e usar a diferença para começar a reserva para a casa própria ou a viagem dos sonhos.

Inteligência emocional na parentalidade

Cuidar das emoções é tão importante quanto cuidar das finanças. O estresse gerado por insegurança econômica pode afetar a qualidade do vínculo com o bebê e do relacionamento conjugal. Estudos mostram que famílias que mantêm diálogo estruturado e planejamento financeiro conjunto apresentam menores níveis de ansiedade parental e maior coesão familiar.

A base do casal: comunicação e parceria

Casais que conversam sobre finanças de maneira respeitosa e frequente têm mais chances de manter relações saudáveis e estáveis. O dinheiro, quando não é falado, vira fantasma, e fantasmas crescem no escuro.

Criar o hábito de conversar sobre:

- planos de curto e longo prazos;
- medos e expectativas com a chegada do bebê;
- divisão de responsabilidades financeiras e emocionais.

Esse ato fortalece o casal e dá segurança para o futuro.

Um ponto crucial: filhos não são investimento

Durante muito tempo, a cultura brasileira alimentou uma crença: "Criar filhos é o nosso INSS". Essa mentalidade, apesar de compreensível em outros contextos históricos, é limitante e perigosa.

Filhos não são investimento com expectativa de retorno. São missão, entrega, legado. Colocar sobre eles o peso de nos "salvar" no futuro é distorcer o papel da paternidade. A nova geração precisa crescer com liberdade para voar, e não com dívidas emocionais para pagar.

O verdadeiro legado não está na herança que deixamos, mas na forma como vivemos com eles: nas conversas sinceras, na saúde emocional do lar, no exemplo de como enfrentamos desafios, inclusive os financeiros.

O tripé da preparação: planejamento, presença e propósito

- **Planejamento:** Dá estrutura, previsibilidade e paz.

- **Presença:** Gera vínculo, segurança emocional e memória afetiva.
- **Propósito:** Dá sentido aos sacrifícios e às escolhas que serão feitas ao longo da jornada.

A combinação dos três transforma o medo em coragem, a ansiedade em ação e a incerteza em possibilidade.

Reflexão final

A preparação para ter um filho não elimina os desafios, mas nos permite enfrentá-los com mais serenidade. A cada fralda trocada, a cada madrugada em claro, a cada despesa que parece apertar, estamos escrevendo uma história que vale ser vivida.

Porque, no fim das contas, filhos não pedem conforto absoluto. Eles pedem um lar onde haja amor, estabilidade e presença. E isso, sim, pode ser planejado.

09

COMO OS PAIS MOLDAM A RELAÇÃO DOS FILHOS COM O DINHEIRO: EXEMPLO É TUDO

O exemplo dos pais na educação financeira dos filhos vai muito além do que é ensinado verbalmente. As atitudes financeiras observadas pelos filhos no cotidiano, como a forma de administrar o dinheiro, fazer compras e planejar o orçamento, têm um impacto direto em como eles lidarão com o dinheiro no futuro. Quando os pais demonstram comportamentos responsáveis, como poupar e investir, os filhos tendem a adotar essas mesmas práticas ao crescer. No entanto, se as atitudes dos pais não forem consistentes com os ensinamentos, a mensagem financeira se perde.

Além disso, o estilo de parentalidade influencia a relação dos filhos com o dinheiro. Pais que equilibram exigência e apoio ajudam a formar filhos com uma abordagem financeira mais saudável e consciente. Porém, pais permissivos ou negligentes podem levar os filhos a desenvolver comportamentos impulsivos em relação ao dinheiro. A prática constante e a consistência nas atitudes financeiras são fundamentais para criar uma relação positiva e equilibrada com o dinheiro.

Portanto, para educar os filhos financeiramente, é essencial que os pais pratiquem o que ensinam. O exemplo é a ferramenta mais poderosa nesse processo, pois as crianças aprendem principalmente com o que veem e experimentam no dia a dia. Quando os pais demonstram uma abordagem responsável e planejada em relação ao dinheiro, ensinam aos filhos uma verdadeira mentalidade financeira.

A **maneira como os pais lidam com o dinheiro vai muito além das** conversas ou dos ensinamentos explícitos. Ela é a base das atitudes financeiras que serão transmitidas para as próximas gerações e, muitas vezes, é mais influente do que qualquer lição formal. A socialização financeira na família, formada pelas observações, pelas interações cotidianas e, sobretudo, pelas atitudes dos pais, tem um impacto profundo na forma como as crianças percebem e lidam com o dinheiro ao longo da vida. Como os pais estão moldando, sem saber, as crenças financeiras dos filhos por meio das próprias ações? Será que as crianças entendem a diferença entre o que os pais falam sobre dinheiro e o que realmente fazem com ele? Até que ponto as atitudes financeiras dos pais influenciam o comportamento financeiro dos filhos na vida adulta?

Estudos, como o realizado pela Universidade de Cambridge (*Whitebread*; Bingham, 2013), mostram que, por volta dos 7 anos, as crianças já começam a absorver noções financeiras, muitas vezes inconscientemente. Elas aprendem observando os comportamentos dos pais e absorvem crenças que moldarão suas atitudes em relação ao dinheiro ao longo da vida.

O exemplo fala mais alto que as palavras

Esse mesmo estudo revela que as crenças financeiras adquiridas na infância têm um efeito duradouro na vida adulta. Quando observamos os pais lidando com dinheiro, estamos captando o que eles fazem, falam e, muitas vezes, o que não dizem. Os pais são os primeiros modelos de comportamento financeiro para seus filhos. Se, por exemplo, um pai sempre menciona que "dinheiro não dá em árvore", ele pode estar instilando uma mentalidade de escassez, que, quando internalizada, pode influenciar negativamente a forma como o filho vê as oportunidades financeiras no futuro. Por outro lado, pais que demonstram uma abordagem mais equilibrada, planejando o orçamento familiar, poupando para o futuro e fazendo escolhas financeiras conscientes, criam um ambiente no qual o dinheiro é visto como uma ferramenta valiosa, e não como um vilão a ser temido.

A influência das experiências pessoais e da história familiar

Nosso comportamento financeiro não é apenas uma questão de escolhas individuais; ele é profundamente influenciado pela história financeira da nossa família. Quando uma família passa por períodos de dificuldades econômicas, as crenças sobre dinheiro podem se tornar mais restritivas, gerando uma mentalidade de escassez. Se, por outro lado, a família desfruta de uma situação financeira confortável, pode cultivar uma visão mais abundante, em que o dinheiro é visto como um meio para alcançar metas e criar possibilidades.

É importante reconhecer que essas influências podem ser transmitidas de geração em geração sem que ninguém perceba. Imagine uma criança que cresceu em uma casa onde os pais constantemente discutiam sobre dívidas e incertezas financeiras. Ao entrar na vida adulta, ela pode ter uma relação tensa com o dinheiro, mesmo que a própria situação financeira seja estável. Por sua vez, uma criança que viu seus pais praticando boa gestão financeira, investindo com sabedoria e tomando decisões financeiras conscientes, provavelmente terá uma abordagem mais confiante e equilibrada com o dinheiro.

Praticando a educação financeira de maneira saudável

Como, então, os pais podem praticar uma educação financeira eficaz e saudável? A chave está em encontrar equilíbrio entre ensinar a importância de valorizar o dinheiro e, ao mesmo tempo, evitar criar um tabu ou obsessão em torno dele. A forma como abordamos o dinheiro deve ser transparente, equilibrada e sem julgamentos.

Uma das estratégias mais eficazes para isso é oferecer experiências práticas para que as crianças aprendam a lidar com o dinheiro de forma gradual. Dar mesada, ensinar a diferença entre necessidades e desejos, incentivar o planejamento para o futuro e explicar como o trabalho gera recompensa são apenas algumas formas de integrar a educação financeira no dia a dia. Ao proporcionar essas experiências, os pais ensinam os filhos a poupar ou gastar e a desenvolver uma relação emocional saudável com o dinheiro.

Desafios da educação financeira no contexto familiar

O maior desafio na educação financeira, porém, está em garantir que o comportamento financeiro dos pais seja congruente com o que eles ensinam. Afinal, as crianças observam o tempo inteiro, e a absorção de informações vai muito além do que é dito. Elas aprendem, principalmente, com o que é feito. Isso implica que, para moldar de forma eficaz a relação dos filhos com o dinheiro, os pais precisam ser consistentes em suas ações financeiras, praticando o que pregam.

ATIVIDADE: CONSTRUINDO UM EXEMPLO FINANCEIRO POSITIVO E ENSINANDO-O AOS FILHOS

Objetivo: refletir sobre seu comportamento financeiro, avaliar como está transmitindo esses valores para seus filhos e elaborar um plano de ação para ensinar com exemplos práticos.

1. Reflexão sobre a própria relação com o dinheiro

Responda às perguntas a seguir:

- Quais são as principais crenças financeiras que você herdou de seus pais?
- Essas crenças ajudaram ou dificultaram sua relação com o dinheiro na vida adulta?
- Como sua visão financeira atual pode influenciar a maneira como seus filhos lidam com dinheiro no futuro?

2. Avaliação do que já está sendo ensinado

Faça uma análise sobre como você já ensina seus filhos sobre dinheiro no dia a dia:

- Você conversa com seus filhos sobre dinheiro de maneira aberta ou evita o assunto?
- Seus filhos têm alguma responsabilidade financeira, como administrar uma mesada ou economizar para algo que desejam?
- Você ensina a importância do planejamento financeiro, da doação e do investimento ou esse tema ainda não foi abordado?

3. Criação de um plano de educação financeira

Agora, elabore um pequeno plano para ensinar seus filhos sobre dinheiro de maneira prática:

- Defina três hábitos financeiros que deseja ensinar nos próximos meses (exemplos: poupar parte da mesada, comparar preços antes de comprar, entender a diferença entre necessidade e desejo).
- Escolha uma atividade para cada hábito financeiro e torne o aprendizado leve e prático:
  - **Jogo educativo:** use um jogo de tabuleiro ou app para ensinar orçamento e escolhas.
  - **Conversa em família:** reserve um momento para falar sobre dinheiro e sonhos.

- **Experiência no mercado:** leve a criança e mostre como comparar preços.
- **Mesada consciente:** incentive a dividir o valor entre gastar, poupar e doar.
- **Planejamento de passeio ou festa:** envolva-a no orçamento e nas escolhas.
- **Desafio do cofrinho:** definam juntos um objetivo e acompanhem o progresso.
- **Dia do consumo consciente:** passem um dia sem compras e reflitam sobre o que já têm.

- Estabeleça uma forma de acompanhamento para reforçar o aprendizado, como revisões mensais ou pequenas recompensas para boas decisões financeiras.

4. Envolvendo os filhos

Planeje um momento em família para discutir as finanças de maneira positiva e educativa:

- Compartilhe um objetivo financeiro da família e peça sugestões dos filhos sobre como economizar para alcançá-lo.
- Mostre na prática como o dinheiro pode ser usado de modo responsável (exemplo: planejar uma compra juntos).
- Incentive os filhos a fazerem perguntas sobre dinheiro e estimule o diálogo aberto.

Após concluir a atividade, reflita: o que foi mais desafiador nesse processo? Como você pode tornar a educação financeira de seus filhos mais natural e envolvente no dia a dia?

10

PROTEGER OU ENSINAR?: O DILEMA FINANCEIRO DOS PAIS

Encontrar o equilíbrio entre proteger os filhos das dificuldades financeiras e ensiná-los a gerenciar o dinheiro é um dos maiores desafios da parentalidade. A superproteção pode dificultar o desenvolvimento da autonomia financeira, ao passo que a falta de orientação pode levar os jovens a tomar decisões prejudiciais.

Pesquisas demonstram que a maneira como os pais transmitem normas financeiras, conversam sobre dinheiro e envolvem os filhos nas decisões econômicas afeta diretamente os comportamentos financeiros na vida adulta. Além disso, abordagens que incentivam o diálogo e a prática orientada costumam resultar em maior competência financeira entre os jovens.

Como pais, sempre queremos o melhor para nossos filhos. Queremos protegê-los de dificuldades, de inseguranças e, acima de tudo, de erros. No entanto, surge uma grande questão: até que ponto a proteção é benéfica? Quando devemos intervir e quando devemos deixar que nossos filhos aprendam por conta própria?

O dilema entre proteger e ensinar no contexto financeiro é uma das maiores dificuldades que enfrentamos ao educar nossos filhos. Em nossa vontade de cuidar e evitar sofrimento, podemos acabar privando nossos filhos de uma das maiores lições de vida: aprender a lidar com o dinheiro de maneira responsável e independente.

Quando nossos filhos pedem algo pelo qual não podem pagar ou quando estão em uma situação financeira difícil, nosso instinto natural é protegê-los. Como pais, queremos garantir que nossos filhos não enfrentem a escassez, a frustração ou a ansiedade financeira que, porventura, já sentimos ao longo de nossas vidas. Esse instinto é forte e natural. Porém, ele pode nos levar a tomar decisões que, embora bem-intencionadas, podem ser prejudiciais a longo prazo.

Quantas vezes você já se pegou quitando uma dívida ou pagando algo que não podia, apenas para evitar que seu filho passasse por um momento de frustração ou desconforto financeiro? Ou, em outra situação, você pode ter optado por pagar algo por ele para poupá-lo de se preocupar com a questão financeira, evitando que ele lidasse com a responsabilidade do gasto.

Mas será que esse tipo de proteção realmente está ajudando? Ou será que, ao evitarmos que nossos filhos enfrentem dificuldades financeiras, estamos retirando deles uma oportunidade de aprender e amadurecer financeiramente?

Deixe-me provocar uma reflexão: quantos de nós aprendemos de verdade sobre dinheiro quando as coisas estavam fáceis? A maioria de nós aprende sobre o valor do dinheiro e a importância de ser responsável financeiramente quando estamos enfrentando um desafio. Quando cometemos erros financeiros, isso nos obriga a aprender, crescer e entender o verdadeiro valor das escolhas financeiras.

Quando você sempre resolve os problemas financeiros de seus filhos, está evitando que eles aprendam com os próprios erros. Ao fazer isso, está enviando a mensagem de que eles não são capazes de lidar com as consequências das próprias ações financeiras. Mas o fato é que o erro é um grande mestre. Ele é uma oportunidade de crescimento, um momento para aprender e se fortalecer.

Claro que, como pais, queremos estar lá para apoiar, mas também precisamos permitir que nossos filhos sintam as consequências naturais das próprias escolhas. Esse é o caminho para a autonomia financeira. Ensinar a lidar com erros financeiros de maneira construtiva e não punitiva é uma das formas mais eficazes de prepará-los para o futuro.

Isso não significa que você deva ser indiferente ou insensível às dificuldades financeiras de seus filhos. A verdadeira chave está no equilíbrio. Existe um meio-termo entre proteger excessivamente e deixar que eles enfrentem dificuldades financeiras sozinhos. O segredo é intervir de maneira inteligente, ensinando e guiando, mas também permitindo que eles assumam a responsabilidade por suas decisões financeiras.

Por exemplo, se seu filho comete um erro ao gastar todo o dinheiro da mesada em algo que não é necessário, você pode guiá-lo para aprender com isso, sem impedi-lo de vivenciar a consequência. Em vez de simplesmente "pagar a conta", você pode discutir com ele como poderia ter planejado melhor ou o que poderia ter feito diferente. Isso não significa deixá-lo desamparado, mas mostrar o caminho para o aprendizado e para a responsabilidade.

Da mesma forma, ao perceber que seus filhos estão fazendo escolhas mais maduras e inteligentes, celebre esses momentos com eles. Aplauda suas conquistas financeiras, como quando economizam ou tomam uma decisão bem pensada. Isso reforça o comportamento positivo e os motiva a continuar aprendendo e tomando boas decisões financeiras.

Preparando-os para o futuro: uma independência consciente

Como já vimos, o verdadeiro propósito da educação financeira dos filhos não é poupá-los de todas as dificuldades, mas prepará-los para enfrentá-las com resiliência, autonomia e sabedoria. Ao ensinarmos que boas escolhas importam, que erros fazem parte do aprendizado e que prosperidade se constrói com consciência, deixamos um legado que vai muito além do dinheiro. Proteger demais pode limitar, mas dar espaço para errar, aprender e crescer é um presente valioso. Encontrar esse equilíbrio entre orientação e autonomia é o caminho para que eles desenvolvam a confiança e a maturidade necessárias para construir o próprio futuro.

ATIVIDADE: PROTEGER OU ENSINAR?

Objetivo: refletir de maneira prática sobre como ajudar seus filhos a aprender responsabilidade financeira, sem resolver tudo por eles.

1. Reflita sobre duas situações recentes.
   - **Quando você protegeu:** lembre de uma vez em que você pagou ou resolveu algo para seu filho. Por que fez isso? Será que ele poderia ter aprendido algo se tivesse lidado sozinho?
   - **Quando você o deixou aprender:** lembre de uma vez em que deixou seu filho lidar com o próprio erro financeiro. O que ele aprendeu? Como reagiu?

2. Caso prático.

Seu filho gastou toda a mesada e agora precisa de dinheiro para algo importante. O que você poderia fazer para ensinar, em vez de pagar?

- Pense no que você diria a ele.
- Pense em como ele poderia resolver (exemplos: esperar a próxima mesada, fazer uma tarefa extra).

3. Como equilibrar, proteger e ensinar?

Anote duas ou três ideias para aplicar no dia a dia. Por exemplo:

- Deixar ele decidir como gastar a mesada e aprender com os erros pequenos.
- Conversar antes de compras maiores.
- Ajudar a planejar o que fazer com o dinheiro, em vez de só dar o dinheiro.

4. Seu compromisso.

Escreva em uma frase como você vai agir daqui para a frente para ensinar mais e proteger na medida certa.

11

AJUDAR SEM PREJUDICAR: COMO APOIAR OS FILHOS SEM CRIAR DEPENDÊNCIA

Apoiar financeiramente os filhos é um gesto comum, mas, quando esse apoio é excessivo ou sem a devida orientação, pode gerar dependência e enfraquecer a autonomia econômica dos jovens. Estudos mostram que a forma como os pais conduzem a socialização financeira tem um grande impacto nos hábitos, nas atitudes e na independência financeira dos filhos. O equilíbrio está em oferecer suporte, mas também ensinar habilidades práticas, como evidenciam estudos que apontam que o diálogo e a vivência orientada promovem a responsabilidade e o desenvolvimento da autossuficiência financeira.

Quando nos tornamos pais, há uma parte de nós que sempre quer fazer o possível para garantir o bem-estar de nossos filhos. Isso inclui não apenas fornecer o que precisam, mas também garantir que cresçam em um ambiente seguro, onde possam prosperar emocional e financeiramente. No entanto, um dos maiores desafios que enfrentamos como pais é encontrar o equilíbrio entre **ajudar** e **prejudicar**.

É natural que queiramos dar tudo de melhor para nossos filhos. Desde pequenos, queremos garantir que eles tenham tudo de que precisam para se sentirem seguros e felizes. E, quando se trata de dinheiro, muitas vezes nos sentimos na obrigação de proporcionar-lhes uma vida sem dificuldades financeiras. Queremos que eles vivam uma infância sem preocupações financeiras, com acesso a atividades e recursos que consideramos importantes para seu crescimento.

Mas e quando seus filhos chegam à fase adulta e ainda recorrem a você para ajuda financeira? Você continua financiando suas escolhas, mesmo quando eles já deveriam estar sendo mais responsáveis? Isso pode ser uma questão delicada, pois, ao ajudar constantemente, corremos o risco de criar uma dependência financeira.

A dependência financeira não se manifesta apenas quando o filho é criança. Ela pode surgir de forma mais sutil à medida que os filhos crescem e se tornam adultos. No início, um pequeno empréstimo aqui e ali, ou um apoio financeiro para ajudá-los a pagar uma conta ou custear um curso, pode parecer inofensivo. Mas, com o tempo, se não houver uma compreensão clara de limites e de responsabilidade, isso pode se tornar um padrão, e os filhos podem começar a esperar esse apoio financeiro como algo normal e constante.

Essa dependência pode criar um ciclo em que os filhos não aprendem a gerenciar o próprio dinheiro de maneira eficaz, o que só retarda o desenvolvimento financeiro deles. Em muitos casos, essa dependência pode durar anos e se estender para situações em que a ajuda dos pais não é mais necessária, criando um terreno fértil para o ressentimento e a falta de autonomia.

A grande questão aqui é como ajudar sem prejudicar. Como pais, nossa função é ensinar a responsabilidade financeira, e não fazer tudo por eles. Para isso, é preciso começar a incentivar a autonomia desde cedo, dando-lhes as ferramentas para tomar boas decisões e para que possam se virar sem a necessidade constante de "uma mãe ou um pai financeiro". Isso pode incluir:

1. **Definir limites.** Em vez de simplesmente pagar as contas ou cobrir as despesas, defina com seus filhos os limites do apoio financeiro. Ensine a importância de um planejamento financeiro. Explique que sua ajuda não é ilimitada e que, em algum momento, eles precisarão ser responsáveis pelas próprias finanças.
2. **Ajudar a planejar.** Ensinar como planejar é uma das maiores contribuições que você pode oferecer. Em vez de dar o dinheiro, ajude-os a entender como criar um orçamento, a diferença entre necessidades e desejos e como poupar e investir para o futuro.
3. **Encorajar a independência.** Às vezes, a melhor forma de ajudar é não ajudar imediatamente. Por exemplo, se seu filho enfrenta uma dificuldade financeira, em vez de pagar a conta, converse com ele sobre as opções. Encoraje-o a buscar soluções e a fazer escolhas responsáveis.

Quando lhes oferecemos as ferramentas e o conhecimento necessários para serem financeiramente independentes, estamos ajudando a evitar dependência e empoderando-os para que enfrentem os desafios da vida de maneira mais segura e autônoma.

A educação financeira vai além de ensiná-los a poupar ou investir. Trata-se de passar os valores e os princípios que guiarão suas decisões financeiras ao longo da vida. Envolve compreender a importância de ser responsável, de saber planejar, de fazer escolhas conscientes e de entender que o dinheiro é uma ferramenta que, quando bem administrada, pode proporcionar liberdade, mas que, quando mal administrada, pode gerar problemas.

UM EXERCÍCIO DE REFLEXÃO E AÇÃO

Aqui está um exercício simples, mas poderoso, para começar a refletir sobre sua abordagem. Pergunte-se:

- Estou ajudando meu filho ou estou resolvendo seus problemas em seu lugar?
- Estou criando um padrão de dependência ou estou incentivando a autonomia financeira?
- O que posso fazer hoje para ensinar meu filho a ser mais responsável financeiramente?

Depois de refletir, defina uma ação concreta. Pode ser ajudar seu filho a montar um orçamento, orientá-lo sobre a importância de começar a poupar ou mesmo ensiná-lo a planejar para o futuro. Ao fazer isso, você dará não apenas o presente do apoio como também o presente da autonomia e da responsabilidade financeira.

Este é o legado mais importante que podemos deixar para eles: a capacidade de se virar sozinhos e de construir um futuro financeiro sólido e independente.

ATIVIDADE: AJUDAR SEM PREJUDICAR – COMO APOIAR SEM CRIAR DEPENDÊNCIA

Objetivo: refletir sobre como o apoio financeiro aos filhos pode ser um impulso para a autonomia, e não um convite à dependência.

1. Reflita sobre o último apoio que você deu.

Pense em um momento recente em que você ajudou financeiramente seu filho. Pode ter sido:

- Pagar uma conta atrasada (exemplos: mensalidade da faculdade, academia, cartão).
- Emprestar dinheiro porque o salário acabou antes do fim do mês.

Agora, pergunte-se:

- Eu resolvi o problema ou ajudei meu filho a aprender a resolver?
- Esse apoio reforçou autonomia ou criou mais dependência?

2. Caso real para pensar.

Seu filho gastou além do que podia e agora não consegue pagar o cartão de crédito.

O que você faz?

- Primeira reação: você paga o cartão para evitar juros e briga.
- Agora, pare e reflita: o que você poderia fazer diferente?

Exemplos:

- Sentar-se com ele, analisar a fatura e propor um plano de pagamento.
- Sugerir um trabalho extra ou vender algo para cobrir parte da dívida.
- Ajudar a negociar o valor com o banco, mas sem quitar para ele.

3. Três limites para ajudar sem gerar dependência.

Estabeleça três regras claras para o tipo de ajuda que você oferece:

- A ajuda será pontual e com contrapartida: "Eu ajudo nesta vez, mas você monta um plano comigo para não repetir o erro".
- Antes de recorrer a você, o filho deve apresentar ao menos uma solução que já tentou (exemplos: cortar gasto, vender algo, buscar renda extra).

- Todo apoio vem acompanhado de conversa: “Vamos rever seu orçamento juntos antes de eu ajudar”.

4. Incentivando autonomia na prática.

Ações simples que você pode começar hoje:

- Ensinar o filho a anotar receitas, despesas e criar metas no papel ou app.
- Estimular que ele defina uma meta de poupança mensal (mesmo que simbólica).
- Em vez de dar dinheiro, oferecer a chance de prestar um serviço (exemplos: ajudar no negócio da família, cuidar de algo em casa, organizar documentos).

5. Valores para passar aos filhos.

Liste os princípios que você quer deixar como legado financeiro:

- Gastar menos do que ganha e priorizar necessidades antes de desejos.
- Ter reserva para emergências: poupar um pouco em todo salário.
- Honrar os compromissos assumidos e buscar soluções antes de pedir ajuda.

12

MOMENTOS DE CRISE: COMO LIDAR COM DIFICULDADES FINANCEIRAS EM FAMÍLIA

Em tempos de crise financeira, as dinâmicas familiares são desafiadas, exigindo equilíbrio emocional, comunicação clara e resiliência coletiva. Estratégias de socialização financeira, como o diálogo constante e a inclusão dos filhos na gestão das finanças, fortalecem a capacidade da família de lidar com adversidades. Cultivar transparência e cooperação nesses momentos é essencial para formar adultos mais preparados e conscientes.

E**m algum momento, quase todas as famílias enfrentam uma crise** financeira. Seja por uma perda inesperada de emprego, uma emergência de saúde, uma despesa inesperada ou até mesmo uma falência de negócio, os desafios financeiros são, infelizmente, parte da vida. O que diferencia as famílias que superam esses momentos das que ficam para trás é a forma como lidam com as dificuldades financeiras.

Durante esses períodos, pode ser fácil se perder nas emoções, nas preocupações e nas incertezas. O medo do futuro e a ansiedade pelo que está por vir podem tomar conta de todos os membros da família. No entanto, uma das maiores lições financeiras que podemos ensinar aos nossos filhos e ao nosso parceiro é como lidar com essas dificuldades de maneira madura, responsável e construtiva.

Neste capítulo, vamos explorar como manter a calma, gerenciar a crise de modo inteligente e usar essas dificuldades como oportunidade de crescimento financeiro para toda a família.

Entendendo o impacto emocional da crise financeira

É impossível negar o impacto emocional de uma crise financeira. Quando o dinheiro é escasso, o estresse pode aumentar, e isso pode afetar todos os membros da família. O medo e a ansiedade podem gerar discussões constantes entre o casal, sentimentos de insegurança nos filhos e até mesmo problemas de saúde relacionados ao estresse.

Logo, quando a pressão financeira entra na vida de uma família, é comum que todos os membros sintam o peso dessa carga. No entanto, o modo como você lida com essa pressão vai definir o futuro financeiro de sua família.

Se você reagir de maneira negativa, como fazer escolhas impulsivas ou entrar em um ciclo de culpa e arrependimento, isso pode agravar ainda mais a situação. No entanto, se você assumir a responsabilidade pela situação e mostrar aos seus filhos e ao seu parceiro que juntos podem superar a crise, estará ensinando habilidades financeiras valiosas para todos.

Durante momentos de dificuldade, a comunicação se torna a chave para a resolução do problema. As crises financeiras podem gerar tensão no relacionamento, mas a maneira como você se comunica com seu parceiro e com seus filhos pode minimizar os danos e até mesmo fortalecer os laços familiares.

Dicas para melhorar a comunicação financeira em tempos de crise

Quando a crise bate à porta, o maior erro que uma família pode cometer é deixar o dinheiro virar tabu. Silenciar, esconder, evitar conversas difíceis só aumentam o peso emocional e financeiro que todos já estão sentindo. Por isso, aqui vão algumas orientações para transformar o diálogo em ferramenta de união e solução:

1. **Seja transparente e honesto desde o começo.** Em vez de esconder os problemas financeiros, abra o jogo. Explique a situação de forma clara, simples e objetiva. Isso não significa expor números detalhados para os filhos pequenos, e sim criar um ambiente de verdade e parceria. Quando todos sabem o que está acontecendo, o peso da crise se distribui e o senso de equipe cresce.

2. **Tenha conversas difíceis, mas necessárias.** Não fuja de temas desconfortáveis: dívidas, cortes, mudanças no padrão de vida. São conversas que doem no momento, mas que evitam brigas e ressentimentos no futuro. Combine com o parceiro e com os filhos mais velhos como será o plano: o que será cortado, como cada um pode contribuir e até quando o esforço conjunto será necessário.
3. **Crie combinados claros para uma nova fase.** Mais do que falar, é preciso alinhar expectativas. Estabeleçam juntos regras práticas, como:
   - Antes de qualquer grande compra, todos conversam.
   - Cada um tem um limite para gastos pessoais durante a crise.
   - Reunião mensal em família para rever o orçamento e o andamento do plano.

   Esses combinados ajudam a manter o foco e reduzem os atritos do dia a dia.
4. **Evite culpas e acusações.** Culpar o parceiro, os filhos ou até você mesmo pelo que já passou, só aumenta a tensão. O que importa agora é como sair do buraco, não quem o cavou. Troque o "de quem é a culpa?" pelo "o que podemos fazer juntos?".
5. **Envolva todos da família, de acordo com a idade.** Crianças e adolescentes podem (e devem) participar da solução. Explique como podem ajudar – seja economizando, aceitando novos limites ou propondo ideias para reduzir gastos. Além de aliviar o peso, você estará ensinando responsabilidade financeira e mostrando o valor da união em momentos difíceis.
6. **Foque a solução, e não o problema.**

A crise já está posta – lamentar ou se culpar não muda os fatos. O que muda é a atitude. Em vez de gastar energia remoendo o que deu errado, voltem o foco para o que pode ser feito a partir de agora. Estabeleçam metas objetivas: reduzir 20% dos gastos em 30 dias, criar uma rotina de revisão semanal do orçamento, eliminar desperdícios e cortar despesas supérfluas.

Além disso, pensem juntos em como gerar novas fontes de renda. Pode ser vender itens que estão parados em casa, oferecer serviços pontuais como aulas particulares, consultorias, consertos, marmitas, artesanato ou revenda de produtos. Plataformas digitais também oferecem boas oportunidades: desde trabalho freelancer até monetização de hobbies, como fotografia, escrita ou edição de vídeos.

O mais importante é agir. Pequenas conquistas, como pagar uma conta atrasada, concluir uma venda ou guardar os primeiros cem reais, ajudam a restaurar o ânimo, fortalecer o senso de equipe e criar uma nova trajetória financeira com mais confiança e esperança.

Lembre-se:

Conversas difíceis hoje evitam brigas e frustrações amanhã. Combinados claros fortalecem a parceria e trazem mais organização e equilíbrio para a vida da família. O dinheiro não deve ser motivo de afastamento, mas um motivo a mais para todos caminharem juntos.

Uma crise financeira pode ser uma excelente oportunidade para reavaliar as prioridades da família. Muitas vezes, nos acostumamos com um estilo de vida embasado em consumo, e a crise financeira força a repensar o que é realmente importante.

Durante uma crise, você pode descobrir que não precisa de tantos itens ou serviços caros para ser feliz. Esse é o momento de rever a qualidade de vida, e não a quantidade de bens. Muitas vezes, é possível ajustar o orçamento familiar, cortar despesas supérfluas e aprender a viver com menos sem comprometer a felicidade e o bem-estar.

A crise financeira pode também abrir portas para uma nova mentalidade. Ao aprender a gastar com mais consciência e a priorizar o que realmente importa, você pode estabelecer um novo padrão financeiro que será mais sustentável no longo prazo.

Como ensinar os filhos a lidar com crises

Uma das lições mais poderosas que você pode ensinar aos seus filhos durante uma crise financeira é como lidar com adversidades. Muitas vezes, o que realmente determina o sucesso financeiro não é quanto você ganha, mas como lida com as dificuldades que surgem ao longo da vida.

Aqui estão algumas maneiras de ensinar seus filhos a lidar com a adversidade financeira:

1. **Ensine sobre resiliência.** Mostre aos seus filhos que, assim como enfrentamos momentos difíceis na vida, também podemos passar por desafios financeiros, e todos eles podem ser superados com coragem, criatividade e paciência. Ensinar resiliência é mostrar que um problema não é o fim do caminho, mas um convite para encontrar novas saídas.

Por exemplo: se a família precisar cortar gastos, envolva as crianças na busca por alternativas, como cozinhar em casa em vez de pedir delivery, criar brinquedos com materiais recicláveis, trocar passeios pagos por atividades ao ar livre ou montar um bazar em casa para vender objetos que não são mais usados, por exemplo. Se um sonho tiver de ser adiado, conversem sobre como reorganizar o plano e continuar economizando juntos. Isso fortalece a confiança das crianças e mostra que momentos difíceis também são oportunidades de aprender e crescer.

2. **Mostre como fazer escolhas financeiras inteligentes.** Mesmo em tempos de aperto, há maneiras de fazer escolhas inteligentes com o dinheiro. Ensine seus filhos a avaliar as opções e tomar decisões informadas. Ensinar-lhes a poupar, investir e planejar será uma habilidade valiosa para toda a vida.
3. **Demonstre calma diante da turbulência.** Os filhos aprendem com aquilo que os pais vivem e expressam, sobretudo em momentos difíceis. Por isso, diante de uma crise financeira, manter a calma e demonstrar equilíbrio emocional são lições muito valiosas que você pode transmitir.

   Em vez de deixar que a ansiedade ou o desespero tomem conta, procure conversar com serenidade, explicar a situação de modo simples e mostrar que vocês estão tomando atitudes para enfrentar o problema. Quando os filhos percebem que, mesmo em meio à dificuldade, os pais seguem firmes, confiantes e dispostos a buscar soluções, eles aprendem sobre maturidade, autocontrole e confiança na vida. Essa postura não elimina o problema, mas fortalece o vínculo familiar e cria um ambiente emocionalmente seguro, o que é essencial para enfrentar qualquer tempestade.

Agora, pense por um momento: o que você está ensinando aos seus filhos durante essa crise financeira? Está ensinando-os a entrar em pânico ou a serem resilientes? Está transmitindo que as dificuldades financeiras são insuperáveis ou que, com planejamento e perseverança, tudo pode ser superado?

Sua atitude diante da crise pode ser uma das lições mais valiosas que você transmitirá a seus filhos. Ao viver a crise com calma, confiança e uma mentalidade de solução, você estará ensinando a todos da sua família que, por mais desafiadoras que sejam as situações financeiras, elas podem ser superadas com perseverança e conhecimento.

Ao enfrentar os desafios juntos, você estará superando a crise e fortalecendo os laços familiares e criando uma base sólida para o futuro financeiro de todos. Lembre-se: a maneira como você enfrenta as dificuldades financeiras pode ser um dos maiores legados que você deixará para seus filhos.

ATIVIDADE: MOMENTOS DE CRISE – COMO ENFRENTAR JUNTOS E CRESCER COMO FAMÍLIA

Objetivo: ajudar sua família a transformar uma dificuldade financeira em uma oportunidade real de aprendizado, união e responsabilidade compartilhada. O foco é comunicação honesta, combinados claros e ação prática.

1. Refletindo sobre como sua família já reagiu em momentos difíceis.

Pense em uma crise ou dificuldade financeira real: um desemprego, uma dívida inesperada, um gasto que fugiu do controle.

- Como sua família reagiu? Houve medo, briga, silêncio? Isso uniu ou afastou vocês?
- Se pudesse voltar no tempo, o que faria diferente? O que gostaria que seus filhos tivessem aprendido naquela situação?

2. Conversas difíceis e combinados claros.

Planeje uma conversa com sua família.

- Escolha um momento tranquilo e explique a situação com clareza. Exemplo: estamos passando por um momento de ajuste e precisamos da colaboração de todos para equilibrar as contas.
- Crie combinados objetivos. Exemplos:
  - Antes de qualquer gasto acima de *x* reais, vamos conversar.
  - Todos nós vamos reduzir os pequenos gastos (lanches, apps, delivery).
  - Reunião rápida ao final do mês para ver como estamos indo.
- O foco não é apontar erros, mas **pensar juntos em soluções.**

3. Ajustando o orçamento em equipe.

Liste, juntamente com a família, os principais gastos do mês.

- Perguntem-se: o que realmente precisamos manter? O que dá para cortar ou adiar?

- Exemplo prático: trocar o passeio caro por um piquenique no parque; reduzir os pedidos por delivery; cozinhar em casa pode ser uma opção de reunir a família em um momento afetivo.
- Definam juntos uma meta simples: economizar *x* reais até o próximo mês ou reduzir um gasto específico (exemplo: cortar 50% do gasto com aplicativos).

4. Ensinando resiliência financeira aos filhos.

Aproveite o momento para ensinar algo valioso: na crise também podemos aprender e crescer.

- Mostre na prática como começar uma reserva de emergência, mesmo pequena. Deixe que os filhos participem separando parte da mesada ou renda do estágio, por exemplo.
- Explique por que decisões conscientes hoje ajudam a evitar problemas maiores no futuro.

5. Criando um plano de ação do time familiar.

- Cada membro escreve (ou conta) o que pode fazer para contribuir. Exemplos:
  - cortar um gasto;
  - ajudar mais em casa;
  - buscar renda extra;
  - aprender sobre finanças.
- Combine como vão manter o foco: encontros rápidos, metas pequenas ou apoio mútuo para manter a calma e a parceria.

6. Para fechar: a memória que você quer deixar.

Pergunte a si mesmo: **Como quero que meus filhos se lembrem de como enfrentamos essa crise?**

- Escreva uma frase ou compromisso com sua família. Exemplo: Nossa família enfrenta desafios com união, responsabilidade e coragem.

O que essa atividade entrega?

Mais do que sair da crise, ela ajuda você a deixar um legado: filhos que aprendem com o exemplo, laços familiares mais fortes e uma relação com o dinheiro embasada na verdade, no respeito e na ação.

13

PATRIMÔNIO FAMILIAR: O QUE REALMENTE QUEREMOS DEIXAR PARA NOSSOS FILHOS?

Mais do que deixar bens, queremos deixar raízes que conectem nossos filhos a uma história de valores e asas que lhes deem liberdade e autonomia para construir o próprio futuro. Estudos mostram que o patrimônio herdado tem papel central na formação de oportunidades entre gerações, mas também pode acentuar desigualdades, o que exige uma abordagem mais consciente e intencional.

Pesquisas indicam que a transmissão de riqueza é profundamente influenciada por nossos ideais de justiça, pertencimento e responsabilidade. E, cada vez mais, as famílias demonstram preocupação com a quantidade de recursos que deixarão e com o significado e o destino desse legado.

A verdadeira filantropia, segundo análises recentes, nasce da união entre recursos financeiros e um propósito moral bem definido. Quando combinamos educação financeira, visão de longo prazo e generosidade consciente, criamos um legado que vai além dos bens materiais: é um patrimônio vivo, capaz de preparar nossos filhos para transformar, multiplicar e dar sentido ao que receberam.

Um Príncipe em Nova York pode parecer só uma comédia leve dos anos 1980; mas, se olharmos com atenção, o filme fala de algo muito mais profundo: a busca por propósito, identidade e sentido.

Akeem, o príncipe de Zamunda, tem literalmente tudo o que o dinheiro pode comprar: riqueza, conforto, servidão. No entanto, ele sente que está vivendo uma vida vazia, sem escolhas verdadeiras. Ele não quer apenas uma esposa: ele quer alguém com quem possa construir algo de verdade. E, para isso, ele abre mão do luxo, do título e da zona de conforto.

O que esse filme nos mostra, de maneira divertida, é que não é o dinheiro que preenche o vazio existencial; é o significado.

É justamente isso que precisamos ensinar aos nossos filhos desde cedo: ter dinheiro é bom, mas saber o que realmente importa é essencial.

Mais do que dar uma mesada ou ensinar a poupar, precisamos falar sobre valores. Sobre respeito, liberdade, responsabilidade, empatia, humildade. Sobre não se vender por status, nem medir o próprio valor pelo que se tem.

No fundo, *Um Príncipe em Nova York* é um convite a refletir sobre o que estamos construindo, e se isso realmente nos representa. E como pais, cabe a nós ajudar nossos filhos a entenderem que a vida não é sobre acumular, mas sobre escolher com consciência o que faz sentido manter perto.

E isso vale para o dinheiro e para os princípios.

Quando falamos sobre o que queremos deixar para nossos filhos, o que vem à sua mente? Talvez você pense em bens materiais, como imóveis, investimentos ou algum valor monetário. Mas a verdade é que, embora o dinheiro e os bens materiais possam ser parte do patrimônio que você deixa, existem outros aspectos igualmente importantes, ou até mais importantes do que isso.

O legado financeiro que transmitimos aos nossos filhos não está apenas nos números de uma conta bancária ou nas propriedades que possuímos. O verdadeiro patrimônio familiar é construído sobre os valores, as lições e os comportamentos que passamos adiante. Esses ensinamentos sobre como lidar com o dinheiro, como tomar decisões financeiras responsáveis e como viver uma vida financeiramente equilibrada têm um impacto muito maior do que qualquer herança física.

Neste capítulo, vamos explorar o que significa construir um patrimônio familiar real, algo que vai além do dinheiro. Vamos refletir sobre como podemos preparar nossos filhos para um futuro financeiro próspero e saudável, independentemente da herança material que deixarmos.

Muitas vezes, a ideia de "patrimônio" está atrelada apenas ao valor monetário ou a bens tangíveis, como imóveis, carros, ações e outros ativos. Contudo, o patrimônio imaterial, aquele que não pode ser comprado, mas transmitido de geração em geração, é muitas vezes o que mais influencia a vida financeira de nossos filhos. Esse patrimônio imaterial inclui:

- **Crenças sobre o dinheiro:** o modo como tratamos o dinheiro, se temos uma mentalidade de escassez ou de abundância, se vemos o dinheiro como algo negativo ou algo que pode ser usado para realizar nossos sonhos, influenciará diretamente a relação de nossos filhos com as finanças.
- **Habilidades financeiras:** o legado de habilidades práticas e conhecimentos financeiros que podemos passar para nossos filhos, como a importância de poupar, investir, planejar e orçar, pode ser o maior presente que podemos oferecer a eles.
- **Valores e ética:** o que mais desejamos que nossos filhos aprendam com relação à ética financeira? Ensinar a ser honestos e responsáveis e a evitar práticas financeiras nocivas, como o endividamento excessivo, pode ser mais importante do que qualquer valor material que você deixe.
- **Autonomia financeira:** deixar um legado de independência financeira para nossos filhos significa prepará-los para tomar decisões

financeiras conscientes e responsáveis, em vez de depender de outros ou de circunstâncias externas.

Ao refletir sobre o patrimônio que você quer deixar, é essencial que considere o que você possui e o que você pensa e acredita sobre o dinheiro. O que você diz aos seus filhos sobre o dinheiro pode ser o que vai determinar como eles agirão financeiramente por toda a vida.

Construindo o patrimônio familiar de modo consciente

Até aqui, falamos bastante sobre atitudes, hábitos e comportamentos que moldam nossa relação com o dinheiro. Agora, é hora de olhar para o que deixamos para as próximas gerações, com relação a bens e a valores, sabedoria e cultura financeira. Construir um patrimônio familiar é formar uma base emocional, ética e estratégica que sustente as futuras gerações em tempos bons e desafiadores.

Veja a seguir alguns caminhos para construir esse legado de maneira ativa e consciente:

- **Crie rituais financeiros em família.** Muito mais do que reuniões formais, os momentos de conversa sobre dinheiro podem virar rituais mensais, como revisar os sonhos do trimestre, acompanhar metas ou celebrar pequenas conquistas financeiras. Isso gera engajamento, senso de equipe e pertencimento, sobretudo para as crianças e os adolescentes.
- **Valorize a história da família com o dinheiro.** Toda família tem histórias que envolvem trabalho duro, superações ou aprendizados financeiros. Relembrar e documentar essas narrativas ajuda os filhos a entender que prosperidade leva tempo, exige escolhas e está conectada a valores como esforço, planejamento e resiliência.
- **Formalize os acordos e princípios da família.** Ter um "código de valores financeiros" da família, com frases, combinados e atitudes que representam a visão de vocês sobre dinheiro, pode ser uma excelente maneira de transmitir esse patrimônio imaterial. Pode estar registrado em uma carta, em um mural ou até em um documento de herança de valores.
- **Ensine a importância da generosidade.** Parte do legado que deixamos está no modo como lidamos com o outro. Envolver os filhos em ações sociais, doações conscientes e decisões sobre como usar parte

dos recursos para ajudar quem precisa é uma maneira concreta de mostrar que dinheiro também serve para gerar impacto positivo.

- **Prepare um plano de sucessão com consciência e propósito.** Herança não se trata apenas de divisão de bens, ela garante que o que foi construído continue sendo bem cuidado. Incluir os filhos nas conversas sobre sucessão, patrimônio e futuro, na medida da maturidade deles, é fundamental para transmitir os ativos, a mentalidade, os princípios e a visão que sustentaram cada conquista.

Quando você reflete sobre o que quer deixar como legado, você deveria se perguntar: o que eu realmente quero que meus filhos lembrem sobre minha relação com o dinheiro? Quero que eles lembrem de uma vida cheia de conforto material, mas com pouca paz de espírito? Ou será que prefiro que lembrem de um legado de autossuficiência financeira, responsabilidade e geração de valor para a sociedade?

O patrimônio que você está construindo para seus filhos vai muito além do valor monetário. Ele está na maneira como você ensina a lidar com desafios financeiros, como você os inspira a ter uma mentalidade de abundância e como você compartilha com eles os princípios que guiarão suas decisões financeiras no futuro.

O legado de sua mentalidade financeira, das lições e dos valores que você transmite será o maior presente que você poderá deixar e vai moldar as gerações futuras.

Seu patrimônio familiar de verdade é composto pelas decisões financeiras que você toma, pelas lições que você ensina e pelo exemplo que você dá. Prepare seus filhos para herdar riquezas materiais e para viver uma vida financeiramente equilibrada, ética e próspera.

ATIVIDADE: PATRIMÔNIO FAMILIAR: O QUE REALMENTE QUEREMOS DEIXAR PARA NOSSOS FILHOS?

Objetivo: refletir sobre o legado financeiro e os valores familiares que você quer deixar para seus filhos. A atividade visa ajudá-lo a identificar tanto o patrimônio material quanto o imaterial que você deseja transmitir, promovendo uma reflexão sobre os comportamentos, as crenças e as habilidades financeiras que serão legados.

1. **Reflexão sobre o legado familiar**
   - **Pergunta 1:** o que vem à sua mente quando pensa em "deixar um legado para seus filhos"? Liste aspectos materiais (imóveis, dinheiro, bens) e aspectos imateriais (valores, habilidades, crenças).
   - **Pergunta 2**: o que você gostaria que seus filhos aprendessem sobre dinheiro que vai além do valor material? Quais habilidades financeiras você gostaria de passar adiante (poupar, investir, orçar)?

2. **O impacto das crenças familiares**
   - **Exercício 1:** pense nas crenças financeiras que você tem sobre o dinheiro. Elas são positivas e empoderadoras ou limitantes? Se forem limitantes, como você pode mudá-las para criar uma mentalidade de abundância que possa ser passada para seus filhos? Anote pelo menos duas crenças financeiras que você quer transformar.
   - **Exercício 2:** com base nas crenças familiares que você quer transmitir, escreva uma frase que reflita a visão financeira que você gostaria que seus filhos adotassem ("o dinheiro é uma ferramenta para realizar nossos sonhos e ajudar os outros", por exemplo).

3. **Construindo o patrimônio familiar de maneira consciente**
   - **Exercício 1:** como você pode ensinar seus filhos sobre a importância do dinheiro sem causar estresse ou ansiedade? Crie uma atividade financeira simples que você pode fazer com seus filhos para ensinar sobre orçamento, poupança ou investimentos (pode ser montar um "orçamento familiar" juntos).
   - **Exercício 2:** quais hábitos financeiros saudáveis você pode começar a implementar em sua família? Liste três ações práticas que você pode adotar em seu dia a dia para reforçar uma mentalidade de abundância e responsabilidade financeira em sua casa (revisar o orçamento juntos, discutir o valor do trabalho e das escolhas financeiras).
   - **Exercício 3:** como você pode ensinar a seus filhos a importância da generosidade e do uso responsável do dinheiro? Crie um exemplo prático ou uma atividade que promova o espírito de solidariedade em sua família, seja por meio de doações, ou ações de voluntariado.

4. Preparando um plano de sucessão e herança

- **Exercício 1:** embora o legado financeiro inclua aspectos materiais, o maior legado está nas lições e nos valores que você transmite. Liste três valores financeiros que quer que seus filhos aprendam ao longo de sua vida (responsabilidade financeira, transparência, ou independência financeira).
- **Exercício 2:** reflita sobre a importância de criar um plano de sucessão que inclua não apenas bens materiais, mas também as lições financeiras que você deseja deixar. Crie uma carta ou um plano de herança em que você escreva, de modo simples, como quer que seus filhos usem os recursos financeiros que você deixará.

5. Reflexão final: o que você quer que seus filhos lembrem?

- **Pergunta 1:** o que você realmente quer que seus filhos lembrem de sua relação com o dinheiro? Responda de maneira sincera. Você quer que eles lembrem de uma vida cheia de confortos materiais ou de uma vida equilibrada, responsável e generosa?
- **Pergunta 2:** quais ações você pode tomar a partir de hoje para começar a construir um legado de autossuficiência financeira e valores sólidos para as próximas gerações?

Ao realizar essa atividade, você terá refletido sobre o legado financeiro que está construindo para seus filhos. O patrimônio familiar vai além dos bens tangíveis; ele está no exemplo, nas conversas abertas sobre finanças e na educação financeira que você proporciona.

A atividade também ajudará a construir uma base sólida para a futura prosperidade financeira de sua família, criando uma mentalidade de abundância, responsabilidade e generosidade. Ao ter clareza sobre o legado que quer deixar, você pode tomar ações mais conscientes para garantir que seus filhos sejam preparados para enfrentar os desafios financeiros da vida com confiança e equilíbrio.

14

COMO INVESTIR DE VERDADE PARA A FAMÍLIA

Investir para a família vai muito além das aplicações financeiras; trata-se de construir uma base sólida de segurança, conhecimento e valores. O verdadeiro investimento começa em casa, pelo exemplo e pela educação financeira, desde cedo.

Estudos indicam que, mais do que ensinar, é fundamental capacitar. A autoconfiança financeira surge como elemento-chave para transformar conhecimento em ação, fortalecendo a autoestima e a autonomia dos filhos ao lidar com o dinheiro e as escolhas da vida.

Após grandes crises econômicas, ficou evidente que famílias com saúde financeira também demonstram maior resiliência emocional e capacidade de planejamento. A alfabetização financeira tem se mostrado essencial para evitar situações de vulnerabilidade, sendo um dos pilares para o bem-estar no longo prazo.

Investir não é apenas um conceito financeiro, é uma habilidade essencial que todos deveriam aprender, principalmente quando o objetivo é garantir um futuro tranquilo e seguro para a família. Aprender a investir é como aprender a cozinhar: não basta saber o básico, você precisa entender os ingredientes e como usá-los de maneira eficaz para alcançar o melhor resultado. No caso de investimentos, os "ingredientes" são os diferentes tipos de ativo financeiro, como ações, renda fixa, fundos de investimento e assim por diante.

Quando você investe, está colocando seu dinheiro para trabalhar, ajudando a construir uma base sólida para o futuro de sua família. É um processo que exige paciência, estratégia e disciplina. E o mais importante: investir de maneira inteligente pode transformar sonhos em realidade, proteger contra imprevistos financeiros e proporcionar qualidade de vida.

Investir de verdade para sua família começa com uma conversa sincera sobre o futuro. Muitas vezes, as finanças familiares ficam reservadas a um círculo restrito de adultos, mas envolver todos os membros da família na discussão sobre o dinheiro é fundamental. Falar sobre sonhos e objetivos com os filhos, mesmo que sejam pequenos, ajuda a criar uma cultura financeira saudável em casa e a prepará-los para tomar decisões financeiras mais maduras no futuro.

Ao discutir suas metas com a família, você pode alinhar os interesses de todos e traçar um caminho coletivo para o futuro. Quando as crianças e os adolescentes entendem que o dinheiro tem um propósito e que há uma razão por trás das decisões financeiras, eles se tornam mais responsáveis e conscientes em relação ao valor do dinheiro.

É natural querer proteger os filhos das preocupações financeiras, mas a realidade é que o aprendizado sobre finanças deve começar desde cedo. Incluir os filhos nas conversas sobre finanças não significa sobrecarregá-los com detalhes complicados ou preocupações excessivas, mas prepará-los para o mundo financeiro que os espera. Explique de maneira simples o que é necessário para alcançar certos objetivos financeiros e como o trabalho em conjunto pode ajudar a família a prosperar.

Os filhos precisam entender que, para realizar certos sonhos, como uma viagem em família ou fazer uma faculdade, será preciso planejar e economizar. Ao incluir os filhos no processo, você não apenas os prepara para o futuro financeiro como também ensina sobre o valor da colaboração e da paciência.

Estabelecer objetivos financeiros claros é o primeiro passo para um planejamento bem-sucedido. Isso não significa simplesmente querer "mais dinheiro", e sim definir aonde você quer chegar com o dinheiro que você tem e o que você vai fazer para alcançar esses objetivos.

1. **Objetivos de curto prazo:** são aqueles que você pretende alcançar em um período de **até um ano**. Por exemplo, uma viagem em família, a compra de um eletrodoméstico ou até a reforma de um cômodo da casa. Esses objetivos exigem investimentos que proporcionem **liquidez**, ou seja, a capacidade de retirar o dinheiro rapidamente sem perdas significativas.
2. **Objetivos de médio prazo:** são metas que você pretende alcançar **entre um e cinco anos.** A faculdade dos filhos, um carro novo ou um

curso de especialização para um dos pais se encaixam nessa categoria. Para esses objetivos, você pode usar uma combinação de **investimentos mais rentáveis**, mas ainda com alguma segurança.

3. **Objetivos de longo prazo:** são aqueles com um horizonte **superior a cinco anos**, como a independência financeira do casal, a aposentadoria e o patrimônio familiar que será deixado para as próximas gerações. Esses objetivos exigem uma estratégia mais robusta e investimentos que proporcionem um bom crescimento ao longo do tempo, como **ações** e **fundos de investimento de longo prazo**.

Investir de maneira estratégica, com disciplina e conhecimento, é a chave para alcançar seus objetivos financeiros. O segredo está em alinhar o tipo de investimento ao seu objetivo e ao prazo desejado. Isso implica ter uma visão clara de aonde você quer chegar e em quanto tempo.

Com a combinação certa de investimentos, você pode alcançar seus objetivos de maneira mais rápida e eficiente. No entanto, é importante lembrar que investimentos exigem paciência e consistência. O foco deve ser a disciplina de manter o investimento, mesmo quando surgem imprevistos ou a tentação de fazer retiradas.

Liquidez: a flexibilidade dos investimentos

A liquidez é um fator essencial ao escolher os investimentos certos para seus objetivos. Ela se refere à facilidade com a qual você pode acessar seu dinheiro. Para objetivos de curto prazo, você precisará de investimentos com alta liquidez, pois precisará de acesso rápido ao dinheiro. Já para objetivos de médio e longo prazos, a liquidez pode ser menos importante, uma vez que você tem mais tempo para se adaptar e buscar um retorno maior, mesmo que seja necessário aguardar para retirar o valor.

Juros compostos: o poder do tempo

Quando falamos sobre investimentos, um dos conceitos mais poderosos e fundamentais é o dos juros compostos. Isso significa que você ganha juros sobre o valor original de seu investimento e, além dele, sobre os juros que foram gerados ao longo do tempo. Em outras palavras, seus investimentos crescem exponencialmente, criando um efeito "bola de neve" ao longo do tempo. Quanto mais cedo você começar a investir, mais o poder dos juros compostos trabalhará a seu favor.

Por exemplo, se você investir R$ 10.000 a uma taxa de 10% ao ano, no primeiro ano ganhará R$1.000 em juros, totalizando R$ 11.000. No segundo ano, os juros de 10% incidem sobre esse novo valor, e você recebe R$ 1.100, fechando com R$ 12.100.

O verdadeiro poder dos juros compostos, porém, aparece quando o investimento é constante e o tempo é longo. Imagine investir R$ 1.000 por mês, com a mesma taxa de 10% ao ano:

- Em 2 anos, você terá investido R$ 24.000 e acumulará aproximadamente R$ 26.335, sendo mais de R$ 2.300 só em juros.
- Em 10 anos, seu esforço de poupança será de R$ 120.000, mas o montante final será de aproximadamente R$ 200.000, ou seja, quase R$80.000 em juros.
- Em 30 anos, você terá aportado R$ 360.000 ao longo do tempo. Com os juros compostos atuando mês após mês, seu saldo final ultrapassará R$ 2.000.000, sendo mais de R$ 1.700.000 em juros. Sim, mais de cinco vezes o valor que você tirou do bolso.

É por isso que os juros compostos são chamados de "a oitava maravilha do mundo", como dizia Einstein. Eles parecem lentos no início, mas são imbatíveis no longo prazo. Quanto mais cedo você começa, maior o efeito. Porque quando se trata de construir patrimônio, tempo é mais poderoso do que dinheiro.

O segredo está em consistência, paciência e visão de longo prazo. De grão em grão, o investidor consciente faz o patrimônio crescer.

Rentabilidade e segurança: encontrando o equilíbrio

Quando se trata de investimentos, a rentabilidade e a segurança são fatores fundamentais. A rentabilidade se refere ao retorno financeiro que você pode esperar de um investimento, ao passo que a segurança se refere à proteção de seu capital. Em geral, quanto maior a rentabilidade de um investimento, maior o risco envolvido.

Por isso, ao estabelecer seus objetivos, é essencial balancear essas duas variáveis. Para objetivos de curto prazo, você vai priorizar segurança e liquidez, ao passo que, para médio e longo prazos, você pode assumir um risco um pouco maior em busca de maior rentabilidade, sabendo que tem mais tempo para recuperar eventuais perdas.

A facilidade de investir: com a estratégia certa, qualquer pessoa pode investir

Investir pode parecer algo complexo, mas a realidade é que, com a estratégia certa, qualquer pessoa pode começar a investir de maneira simples e eficaz. Hoje, existem muitas plataformas e ferramentas que facilitam o processo de escolha e acompanhamento dos investimentos, tornando o processo muito mais simples para as famílias.

Além disso, a educação financeira nunca esteve tão acessível. Hoje, existem diversos cursos, livros e conteúdos gratuitos que tornam o aprendizado sobre investimentos muito mais prático e compreensível. Mas mesmo com tanta informação disponível, contar com a ajuda de um profissional pode fazer toda a diferença. Um consultor financeiro de confiança pode orientar você com segurança, respeitando seus objetivos e seu momento de vida.

Ainda assim, é essencial que você também busque entender onde e como seu dinheiro está investido. Informação e acompanhamento andam juntos, porque o verdadeiro controle financeiro vem da consciência, e não da delegação cega.

Renda Fixa: o que é e como funciona

A Renda Fixa é uma modalidade de investimento em que você sabe como será calculado seu retorno desde o momento da aplicação. Isso não significa que você saiba exatamente o valor final (porque alguns rendem conforme a economia), mas o **caminho do rendimento é previsível**. É diferente da Renda Variável (por exemplo: as ações), em que o retorno depende do sobe e desce do mercado.

Na prática: ao investir em Renda Fixa, você está **emprestando seu dinheiro ao governo ou a empresas** e, em troca, recebe juros combinados no início.

Existem dois tipos principais: **Títulos Públicos** e **Títulos Privados**. Vamos entender cada um:

Títulos Públicos (programa Tesouro Direto)

O Tesouro Direto é um programa do governo federal que permite que qualquer pessoa compre títulos públicos pela internet a partir de valores baixos (cerca de R$ 30). Esses títulos são emitidos pelo governo para financiar serviços e projetos do país. É considerado **o investimento mais seguro do Brasil**, porque tem a garantia do Tesouro Nacional.

Tipos de Título no Tesouro Direto

- **Tesouro Selic:** rende conforme a taxa Selic (a taxa básica de juros da economia). É ótimo para reserva de emergência porque tem alta liquidez (pode resgatar a qualquer momento sem grandes perdas).
- **Tesouro Prefixado:** você sabe exatamente quanto vai ganhar ao ano no momento da aplicação. É bom para quem quer previsibilidade e acredita que os juros do mercado vão cair.
- **Tesouro IPCA+:** paga uma taxa fixa + a variação da inflação (IPCA). Excelente para objetivos de longo prazo, como aposentadoria, porque protege o poder de compra do dinheiro.
- **Tesouro Educa+:** novo título pensado para pagar a educação dos filhos ou netos no futuro. Funciona como o Tesouro IPCA+, mas com foco em garantir parcelas mensais por um período escolhido.
- **Tesouro Renda+:** ideal para quem pensa na aposentadoria. Você escolhe quando quer começar a receber e o Tesouro lhe paga parcelas mensais corrigidas pela inflação no futuro.

Títulos Privados

São emitidos por bancos e empresas e possuem um risco maior do que o Tesouro Direto, porém com possibilidade de retornos maiores, a depender do título. O **FGC** (**Fundo Garantidor de Créditos**) protege alguns tipos de depósitos e investimentos específicos (como Poupança, CDB, RDB, LCI e LCA), dentro do limite de R$ 250 mil por CPF e por instituição, até o teto global de R$ 1 milhão a cada 4 anos.

Exemplos de Títulos Privados

- **CDB** (**Certificado de Depósito Bancário**)**:** você empresta ao banco e recebe juros em troca. Pode ter liquidez diária (para reserva de emergência) ou prazos maiores com rentabilidade maior.
- **LCI** (**Letra de Crédito Imobiliário**)**:** o dinheiro vai para o setor imobiliário. É isento de imposto de renda para pessoa física.
- **LCA** (**Letra de Crédito do Agronegócio**)**:** igual à LCI, mas o dinheiro financia o agronegócio. Também isento de imposto de renda.
- **CRI** (**Certificado de Recebíveis Imobiliários**) **e CRA** (**Certificado de Recebíveis do Agronegócio**)**:** títulos emitidos por empresas ligadas ao setor imobiliário ou do agronegócio. Não têm proteção do FGC e são indicados para investidores mais experientes.

- **Poupança:** apesar de ser o investimento mais popular, a poupança hoje rende muito pouco (menos que a inflação na maioria das vezes). Isso significa que, com o tempo, o dinheiro perde valor. Além disso, há opções mais rentáveis e tão seguras quanto a poupança, como o Tesouro Selic ou um CDB de liquidez diária.
- **Outros exemplos:** Letras de Câmbio (LC), debêntures, Fundos de Renda Fixa; são alternativas que exigem mais análise e, às vezes, aceitação de um pouco mais de risco em troca de melhor retorno.

Resumo: como funciona na prática?

- **Você escolhe um Título** (público ou privado) conforme seu objetivo e prazo.
- **Você sabe como ele rende** (prefixado, atrelado à Selic ou ao IPCA).
- **O dinheiro fica aplicado** até o vencimento ou até você decidir resgatar (dependendo das regras do título).
- **Você recebe os juros combinados**, com menos surpresas do que na Renda Variável.

Esses tipos de investimento são recomendados principalmente para quem busca segurança e previsibilidade, sendo ideais para objetivos de curto e médio prazos.

Investir de verdade para sua família é uma jornada de aprendizado contínuo, mas que pode gerar resultados transformadores. Ao estabelecer objetivos claros, entender os conceitos de liquidez, juros compostos, rentabilidade e segurança, e escolher os investimentos corretos, você estará no caminho certo para alcançar seus sonhos e garantir um futuro financeiro próspero e seguro para todos. A chave para o sucesso é a paciência, a disciplina e o conhecimento. Investir para sua família não é uma corrida, mas uma caminhada cuidadosa, passo a passo, para um futuro melhor.

Exemplos

Objetivo 1

Viagem em família

Transformando um sonho em realidade com planejamento e investimento.

O sonho

Viajar em família para o exterior é um investimento em experiências, conexões e memórias que duram para sempre. Mas como transformar esse sonho em um objetivo financeiro alcançável?

A resposta está no planejamento estratégico aliado a investimentos inteligentes, mesmo começando com pouco.

O objetivo

- **Meta:** Acumular R$ 30.000 em aproximadamente três anos para uma viagem internacional em família.
- **Tempo para o objetivo:** Aproximadamente 32 meses.
- **Investimento escolhido:** Tesouro Prefixado, que é um Título Público com taxa fixa de rendimento até a data do vencimento.

A estratégia de investimento[3]

Item	Valor
Valor inicial	R$ 30
Aportes mensais	R$ 807,54 (por 32 meses) – total aplicado pelo investidor
Total investido	R$ 25.976,28
Valor bruto estimado	R$ 30.932,78
Imposto de renda	– R$ 848,71
Taxa B3	– R$ 77,21 (a taxa da B3 para o Tesouro Direto é uma cobrança de custódia sobre o valor investido, destinada à manutenção dos títulos na bolsa)
Valor líquido final	R$ 29.999,99

O resultado líquido fica exatamente em linha com o valor da viagem planejada, ou seja, objetivo cumprido com precisão milimétrica!

[3] As simulações financeiras apresentadas consideram as taxas de juros e condições de mercado praticadas no momento da simulação, em abril de 2025. Os resultados são estimativas e podem variar de acordo com alterações nas taxas futuras, políticas econômicas ou outros fatores de mercado.

Por que o tesouro prefixado?

- **Previsibilidade:** você já sabe exatamente quanto vai receber na data de vencimento.
- **Disciplina financeira:** com aportes mensais programados, você cria um compromisso com seu sonho.
- **Segurança:** o Tesouro Nacional é um dos investimentos mais seguros do país.

Dicas para fazer dar certo

- **Automatize os aportes:** configure transferências automáticas para sua conta de investimento todo mês.
- **Evite resgates antecipados:** no Tesouro Prefixado, o valor só é garantido no vencimento, ou seja, manter o dinheiro até lá é essencial.
- **Mantenha o foco no propósito:** visualize a viagem, planeje os roteiros e mantenha sua motivação viva.

Resultado: meta atingida com eficiência!

Você transformou R$ 30 iniciais + constância mensal em quase R$ 30.000 líquidos, prontos para realizar um sonho de família. Isso é o poder do planejamento consciente e do tempo agindo a seu favor.

Objetivo 2

Faculdade do filho

Planejar a educação de seu filho é um dos atos mais poderosos de amor e responsabilidade. Se ele tem apenas 3 anos hoje, você tem a chance de usar o tempo e os juros compostos a seu favor para garantir que, aos 18 anos, ele tenha uma renda mensal de R$ 4.000 durante a universidade.

O plano

- **Idade atual do filho:** 3 anos
- **Início da faculdade:** aos 18 anos
- **Prazo até o objetivo:** 15 anos (ou 177 meses)
- **Renda mensal desejada para os estudos:** R$ 4.000,00

A solução: Tesouro Educa+ 2040[4]

O Tesouro Educa+ é um Título Público voltado para educação, que garante uma renda mensal na data escolhida (no caso, a partir de 15 de janeiro de 2040), com rentabilidade de IPCA + 7,47% ao ano.

Os números do plano

Item	Valor
Aporte mensal sugerido	R$ 657,56
Total de títulos necessários	53,43 títulos
Meses até alcançar a meta	177 meses
Investimento inicial	R$ 0
Rentabilidade prevista	IPCA + 7,47% ao ano (real, acima da inflação)

Ao seguir esse plano, você garante uma renda mensal de R$ 4.000 durante os cinco anos de faculdade de seu filho, sem depender de bolsas ou se endividar.

Na prática, foram 177 meses investindo R$ 657,56 por mês, um total de cerca de R$ 116 mil saindo de seu bolso. Em troca, você assegura R$ 4.000 por mês durante 60 meses, somando aproximadamente R$ 240 mil.

Esse é o poder do planejamento: transformar consistência em tranquilidade no futuro.

Por que escolher o Tesouro Educa+?

- **Segurança:** é garantido pelo Tesouro Nacional.
- **Objetivo com data certa:** você escolhe quando quer começar a receber.
- **Proteção contra a inflação:** há rentabilidade real (IPCA + 7,47% ao ano).
- Planejamento familiar de longo prazo com disciplina e constância.

[4] As simulações financeiras apresentadas consideram as taxas de juros e condições de mercado praticadas no momento da simulação, em abril de 2025. Os resultados são estimativas e podem variar de acordo com alterações nas taxas futuras, políticas econômicas ou outros fatores de mercado.

Reflexão final

Investir R$ 657,56 por mês hoje pode parecer muito, mas é um valor pequeno comparado ao custo de manter um filho em uma boa universidade no futuro. Com planejamento, você troca preocupação por preparação e garante que, quando chegar o momento certo, o único foco de seu filho será aprender, crescer e conquistar.

Objetivo 3

Independência financeira do casal

Você e seu parceiro desejam garantir recursos acumulados nos próximos 15 a 20 anos para alcançar a independência financeira e garantir uma aposentadoria confortável, com renda passiva mensal.

Mas e se, além de acumular, você já pudesse simular a renda mensal garantida para o futuro?

A simulação real[5]

A plataforma do Tesouro Renda+ mostrou que, com investimento inicial de R$ 1.000 aos 35 anos, é possível começar a construir uma aposentadoria com renda de R$ 10.000/mês a partir dos 65 anos.

- **Idade atual:** 35 anos
- **Aposentadoria desejada:** aos 65 anos
- **Renda mensal desejada:** R$ 10.000
- **Investimento inicial:** R$ 1.000
- **Investimento mensal:** R$ 456,65
- **Rentabilidade real:** IPCA + 7,28% ao ano
- **Data de início dos pagamentos:** 2055
- **Término dos pagamentos:** 2074
- **Título sugerido:** Tesouro Renda+ 2055

Esse é só o começo! Para garantir essa renda de maneira completa, será necessário investir mensalmente, a plataforma calculará o valor exato para atingir a meta ao longo dos anos, com segurança.

[5] As simulações financeiras apresentadas consideram as taxas de juros e condições de mercado praticadas no momento da simulação, em abril de 2025. Os resultados são estimativas e podem variar de acordo com alterações nas taxas futuras, políticas econômicas ou outros fatores de mercado.

Como funciona o Tesouro Renda+?

O Tesouro Renda+ é um Título Público com foco em aposentadoria complementar ou independência financeira e funciona assim:

- **Objetivo:** gerar renda mensal garantida por vinte anos, a partir de uma data futura escolhida por você.

Principais características

Característica	Explicação
Data certa de pagamento	Você escolhe o ano que quer começar a receber (exemplo: 2055).
Renda mensal garantida	Você saberá o valor que vai receber, corrigido pela inflação.
Rentabilidade real	IPCA + 7,28% ao ano (rendimento acima da inflação).
Segurança	Garantido pelo Tesouro Nacional (baixo risco).
Reinvestimentos mensais	Você pode investir mês a mês e acumular o número de títulos necessários.

Estratégia de diversificação do objetivo

Para garantir os R$ 1.500.000 ao longo de quinze a vinte anos, sugerimos dividir os investimentos em uma carteira diversificada, com o Tesouro Renda+ como peça central.

Exemplo:

Tipo de investimento	Percentual	Valor estimado	Rentabilidade esperada
Tesouro IPCA+ / Renda+	40%	R$ 600.000	6% a 8% a.a. (real)
CDB de longo prazo	30%	R$ 450.000	12% a 14% a.a.
LCI/LCA (isento IR)	15%	R$ 225.000	9% a 11% a.a.
Previdência privada	15%	R$ 225.000	8% a 10% a.a.

Projeção final

Com essa diversificação e disciplina de aportes mensais:

- Em vinte anos, o valor estimado acumulado será de R$ 1.750.000.
- Esse patrimônio lhe permitirá viver de rendimentos mensais de R$ 8.000 ou mais, com segurança.
- Parte da renda estará garantida por vinte anos pelo Tesouro Renda+, com proteção contra inflação.

Conclusão

A independência financeira não é uma utopia, ela é o resultado de um plano claro, consistente e bem diversificado. O Tesouro Renda+ é a base segura que garante previsibilidade, ao passo que os outros ativos da carteira podem impulsionar os ganhos.

Comece agora com o que você tem. A constância constrói liberdade.

ATIVIDADE: PLANEJANDO O FUTURO DE SUA FAMÍLIA COM INVESTIMENTOS

Objetivo: ajudar a família a compreender como os investimentos podem ser utilizados para alcançar objetivos financeiros e criar um plano de investimentos conjunto.

1. Envolva todos os membros da família.

Organize um momento em que todos os membros da família possam se reunir, seja ao redor de uma mesa, seja virtualmente, para discutir sonhos e objetivos financeiros.

Comece a conversa perguntando o que cada um deseja alcançar com o dinheiro e como imagina o futuro da família. Lembre-se de envolver também as crianças de forma simples, perguntando o que elas acham importante (exemplos: viajar, ter uma casa mais confortável, fazer uma faculdade etc.).

2. Definam objetivos financeiros juntos.

Com base nas respostas, defina pelo menos três objetivos financeiros para a família, sendo ao menos um de curto prazo, um de médio prazo e um de longo prazo. Exemplos:

- Curto prazo: uma viagem em família.
- Médio prazo: faculdade para os filhos ou um carro novo.

- Longo prazo: aposentadoria tranquila ou independência financeira.

3. Relacione os objetivos com investimentos.

Para cada objetivo, pesquise e discuta quais investimentos podem ser usados para atingi-los. Explique para a família a importância de combinar investimentos com prazos específicos.

- Para objetivos de curto prazo, como a viagem, escolha investimentos com alta liquidez e baixo risco, como Tesouro Selic ou CDBs de liquidez diária.
- Para objetivos de médio prazo, como a faculdade, procure opções com rentabilidade mais elevada, mas que ainda apresentem segurança, como o Tesouro IPCA+, Tesouro Educa+ ou fundos de investimento em renda fixa.
- Para objetivos de longo prazo, como a aposentadoria, considere investimentos que oferecem rentabilidade superior ao longo do tempo, como Tesouro IPCA+ de longo prazo e previdência privada.

4. Estabeleça um plano de ação.

- Estabeleça a quantidade de dinheiro que será investida mensalmente em cada um desses objetivos. Lembre-se de que o importante é começar, mesmo que com valores pequenos, e ser disciplinado.
- Crie um cronograma para revisar os investimentos a cada seis meses, ajustando-o conforme a necessidade.

5. Ensine sobre o poder dos juros compostos.

Explique para a família como os juros compostos funcionam e como investir de forma consistente ao longo do tempo pode fazer os investimentos crescerem exponencialmente.

- Você pode mostrar uma simulação simples de como R$ 1.000 investidos por dez anos, com uma rentabilidade de 10% ao ano, podem se transformar em um valor significativo no futuro.

6. Discuta a liquidez e o risco.

Ajude a família a entender a importância de escolher investimentos que correspondam aos objetivos, levando em consideração fatores como liquidez e risco.

- Exemplo: explique que, para um objetivo de curto prazo, o ideal é ter acesso rápido ao dinheiro sem perdas, ao passo que, para um objetivo de longo prazo, é possível assumir mais riscos para obter maior rentabilidade.

7. Reflexão final.

Após realizar a atividade, pergunte a cada membro da família como se sentem em relação ao planejamento feito. Eles se sentem mais confiantes com o futuro financeiro? O que mais gostariam de aprender sobre investimentos?

O objetivo dessa atividade é ajudar a família a entender a importância de se planejar financeiramente, integrar a educação financeira no cotidiano e alinhar seus sonhos e objetivos com ações práticas de investimento.

Ao tomar as rédeas de sua vida financeira hoje, você está criando um futuro mais seguro e estável para sua família.

Dinheiro em família
@papaifinanceiro

PARTE 3

DINHEIRO PARA OS FILHOS

"Nunca deixe que alguém lhe diga que você não pode fazer algo. Nem mesmo eu. Tá bem?"

Essa frase dita por Chris Gardner ao seu filho é o coração do filme *À procura da felicidade*, estrelado por Will Smith e embasado em uma história real. Mais do que um filme sobre superação, trata-se de um retrato cru, humano e inspirador do que significa ser pai em sua forma mais pura: alguém disposto a abrir mão de tudo, menos da esperança.

Chris é um homem comum. Um vendedor batalhador, tentando sustentar a família com a venda de equipamentos médicos que ninguém quer comprar. O fracasso financeiro afasta sua esposa e o deixa sozinho com o filho pequeno, Christopher, vivendo noites em abrigos, banheiros públicos e estações de metrô. Mesmo sem dinheiro, sem casa e sem garantia de um amanhã melhor, ele nunca deixa faltar amor, dignidade e presença.

É no olhar do filho que ele encontra forças. Porque, quando tudo desaba, um pai de verdade se reconstrói por dentro, em silêncio, carregando o peso do mundo nos ombros, mas fazendo com que a criança ao lado continue acreditando que tudo vai ficar bem.

A busca de Chris não é apenas por sucesso profissional. É pela chance de mostrar ao filho que é possível vencer sem passar por cima de ninguém, que honestidade e esforço ainda valem a pena, que sonhos não devem ser abandonados, mesmo quando tudo à volta diz o contrário.

À procura da felicidade nos lembra que muitas vezes o melhor que podemos dar aos nossos filhos não é um brinquedo caro, uma viagem, nem roupas novas. É o exemplo. É a perseverança silenciosa. É a promessa de que eles podem ser o que quiserem, porque viram alguém lutar por isso todos os dias.

Chris Gardner não é um herói de capa. É o herói que mora em cada pai presente, em cada mãe solo, em cada adulto que carrega nas costas a responsabilidade de criar uma criança com amor, mesmo em meio ao caos.

Talvez a verdadeira felicidade esteja nisso: em saber que, apesar de tudo, você foi abrigo, coragem e esperança para quem mais precisava.

Agora, vamos mergulhar no universo da educação financeira para os filhos. Vamos mostrar como você, pai ou mãe, pode ajudar seus filhos a desenvolverem uma mentalidade financeira saudável desde cedo, sem que isso se torne uma tarefa árdua ou assustadora. Vamos explorar maneiras de tornar o aprendizado financeiro algo natural, divertido e parte do dia a dia, desde a infância até a adolescência.

Cada fase da vida de uma criança traz um conjunto único de oportunidades para ensinar sobre dinheiro. Na infância, a ênfase está na construção de hábitos e no entendimento básico de necessidades *versus* desejos. Na adolescência, o foco se move para a independência financeira, o trabalho e a introdução ao conceito de investimentos. Em cada etapa, há lições valiosas que, quando bem aproveitadas, farão com que seus filhos se tornem adultos financeiramente maduros e responsáveis.

A verdadeira missão da educação financeira para os filhos é prepará-los não apenas para ganhar dinheiro, mas para tomar boas decisões com ele, para que possam gerenciar os desafios financeiros que inevitavelmente surgirão ao longo de suas vidas. O objetivo é desenvolver a capacidade de pensar criticamente sobre o dinheiro e suas implicações, para que eles possam construir uma base sólida de bem-estar financeiro e emocional.

Ao longo dos próximos capítulos, você verá como as pequenas atitudes diárias, os ensinamentos e as conversas sobre dinheiro podem criar um impacto duradouro e positivo na vida financeira de seus filhos. Vamos discutir os melhores momentos e formas de abordar a educação financeira com as crianças e os adolescentes, para que eles aprendam e internalizem o poder de usar o dinheiro de maneira inteligente, ética e construtiva.

Prepare-se para descobrir as ferramentas e estratégias que vão capacitar seus filhos a se tornarem adultos financeiramente seguros e bem-sucedidos. O futuro deles começa já começou!

Quando tudo é dado, nada é aprendido: a história de Rafael e Isadora

Rafael e Isadora sempre tiveram tudo ao alcance das mãos. Filhos de André e Vanessa, um casal de profissionais bem-sucedidos, cresceram cercados por conforto, presentes caros e uma rotina de excessos. Cada desejo era atendido sem demora: brinquedos de última geração, roupas de marca, viagens luxuosas e festas grandiosas. Não havia espaço para frustrações, bastava pedir (ou insistir um pouco) e tudo era resolvido.

André costumava dizer: "Quero dar aos meus filhos tudo o que eu não tive". Vanessa completava: "São só crianças, não precisam se preocupar com dinheiro agora". O problema é que essa mentalidade, embora cheia de boas intenções, acabou criando uma realidade perigosa: Rafael e Isadora não aprenderam a lidar com limites, muito menos a valorizar o esforço por trás de cada conquista.

Rafael, aos 17 anos, trocava de celular e fones com frequência, sempre em busca do modelo mais novo. Não cuidava de nada, pois sabia que os pais comprariam outro. Isadora, aos 15, acumulava roupas e acessórios ainda com etiquetas e ficava irritada quando não recebia novidades com a rapidez que desejava. Os dois ignoravam totalmente o custo das coisas: achavam natural almoçar fora todos os dias, pedir delivery como rotina e fazer compras sem pensar.

Não havia mesada com valor fixo nem noções de orçamento. Quando o dinheiro acabava, uma transferência dos pais resolvia. Em vez de desenvolverem responsabilidade e autocontrole, aprenderam que era só pedir que recebiam. Quando enfrentavam as consequências de escolhas ruins, os pais encobriam ou consertavam, tentando evitar conflitos ou sentimentos ruins.

Na faculdade, Rafael se viu perdido com o próprio dinheiro, gastando tudo no primeiro fim de semana do mês. Isadora começou a comprar compulsivamente para lidar com o tédio e a ansiedade, sem entender por que nunca se sentia satisfeita.

Em casa, nunca se falou de planejamento, escolhas ou prioridades. O dinheiro era invisível; até que, de repente, começou a faltar. E, com ele, faltaram também as habilidades para lidar com a realidade.

A história de Rafael e Isadora revela um conjunto de atitudes bem-intencionadas, mas extremamente prejudiciais ao desenvolvimento financeiro e emocional dos filhos. Veja os principais equívocos cometidos por André e Vanessa:

1. **Ausência de limites claros.** Ao atenderem prontamente a todos os desejos dos filhos, os pais eliminaram a chance de ensiná-los a lidar com frustrações e a entender que o dinheiro é um recurso limitado, que exige escolhas e prioridades.
2. **Não ensinar sobre esforço e merecimento.** Rafael e Isadora receberam tudo sem precisar conquistar. Isso impediu o desenvolvimento de habilidades fundamentais, como persistência, disciplina e senso de responsabilidade. Nada era valorizado porque nada precisava ser conquistado.

3. **Falta de educação financeira prática.** Não havia mesada, orçamento ou conversas sobre dinheiro. As crianças cresceram sem noção de custo, de valor ou de consequências financeiras. Isso criou adultos jovens despreparados para lidar com a vida real.
4. **Confundir amor com consumo.** André e Vanessa confundiram presença e cuidado com presentes. O afeto foi traduzido em objetos, criando um ciclo de consumo emocional, em que os filhos buscavam no "ter" a satisfação que não encontravam no "ser".
5. **Proteger demais, corrigir de menos.** Ao evitar frustrações e encobrir erros financeiros, os pais impediram os filhos de aprender com as consequências. A superproteção criou uma falsa ideia de que o mundo sempre resgatará suas falhas, o que não acontece fora de casa.
6. **Não atribuir responsabilidades reais.** Rafael e Isadora não tinham tarefas, não contribuíam com a rotina doméstica e não eram envolvidos nas decisões da casa. Isso reforçou uma mentalidade de dependência e centralidade no próprio bem-estar.

Os erros da família não vieram por mal, mas por excesso: excesso de proteção, de conforto, de consumo. Mas tudo pode ser refeito com diálogo, limites, rotina e responsabilidade. Os pais podem ser os principais agentes de mudança, reconstruindo valores e ajudando os filhos a desenvolverem consciência, autonomia e inteligência financeira.

A boa notícia é: nunca é tarde para mudar o rumo da história.

Nos próximos capítulos, vamos mostrar como pais conscientes podem transformar essa trajetória; ensinando os filhos a conquistar com esforço, a valorizar o que têm e a construir uma relação equilibrada, saudável e autônoma com o dinheiro. Ainda dá tempo de mudar. E tudo começa com um novo exemplo.

15

CRIANÇAS E DINHEIRO: A MELHOR IDADE PARA COMEÇAR

A melhor idade para começar a educação financeira infantil é o quanto antes. A infância é uma fase crucial para a formação de hábitos saudáveis e atitudes conscientes em relação ao dinheiro.

O ambiente familiar exerce forte influência sobre o comportamento econômico que a criança levará para a vida adulta. É em casa que os pequenos aprendem sobre recursos, escolhas e consequências: experiências que moldam sua relação com o dinheiro de forma duradoura.

Jovens que recebem orientação financeira desde cedo comprovadamente tendem a desenvolver maior autonomia e responsabilidade ao tomar decisões econômicas. A educação financeira, desse modo, torna-se uma ferramenta poderosa de empoderamento.

Além disso, formar desde a infância competências como controle de impulsos, planejamento e capacidade de decisão contribui significativamente para o bem-estar financeiro no longo prazo.

Investir na educação financeira das crianças é preparar um futuro mais consciente, equilibrado e livre. Ensinar desde cedo é plantar as sementes de um legado que vai muito além do dinheiro.

V**ocê já parou para pensar que a relação das crianças com o dinheiro** começa muito mais cedo do que imaginamos? O que você ensina ou mesmo o que deixa de ensinar aos seus filhos sobre dinheiro pode influenciar significativamente a maneira como eles vão lidar com as finanças na vida adulta.

Embora muitas vezes os pais se preocupem em "proteger" seus filhos do mundo das finanças, a verdade é que quanto antes você começar a ensinar conceitos financeiros de maneira simples e prática, mais cedo seus filhos desenvolverão uma relação saudável com o dinheiro. Eles não precisam entender todos os detalhes de um balanço patrimonial ou de um investimento em ações, mas aprender sobre valores, responsabilidade e prioridades financeiras pode fazer toda a diferença em seu futuro.

Neste capítulo, vamos explorar como introduzir o conceito de dinheiro para crianças, quais habilidades financeiras devem ser ensinadas desde cedo e como você pode criar um ambiente de aprendizado que os prepare para um futuro financeiramente responsável.

O início da educação financeira: com quantos anos?

Muitas pessoas acreditam que a educação financeira é algo para ser ensinado apenas quando os filhos já estão mais velhos, na adolescência, ou até mesmo adultos. Mas a realidade é que a base da educação financeira começa quando as crianças são pequenas - em torno dos 7 anos, quando elas começam a compreender conceitos como "troco", "economizar" e "gastar".

Não se trata apenas de dar a elas uma mesada ou explicar como funciona o mercado financeiro, mas de construir uma mentalidade que ajude a criança a entender como o dinheiro entra e sai da nossa vida, como ele pode ser usado para atingir objetivos e como a gratificação instantânea nem sempre é a melhor escolha.

Primeiros passos: ensinar pelo exemplo

Já falamos aqui que as crianças modelam seus comportamentos a partir do que veem nos adultos ao seu redor, sobretudo os próprios pais. Crianças aprendem, principalmente, observando. Elas são como esponjas, absorvendo tudo ao seu redor. Então, se você quer que seus filhos compreendam a importância do dinheiro, a primeira coisa que precisa fazer é começar a agir de maneira consciente e responsável em relação às suas finanças.

Você estará dando um exemplo claro de como se comportar com o dinheiro ao demonstrar comportamento responsável, como:

- planejamento de compras, evitando compras por impulso;
- ter o hábito de poupar, mostrando que você está guardando para um objetivo futuro;
- disciplina financeira, mostrando que você controla seus gastos e não vive no limite do orçamento.

Os pilares da educação financeira dos filhos: como formar adultos conscientes e responsáveis

A introdução ao mundo do dinheiro não precisa ser complexa, mas deve ser **intencional e consistente**. A maneira como ensinamos nossos filhos a lidar com o dinheiro hoje define a relação que eles terão com ele no futuro. Veja os principais pilares que não podem faltar na educação financeira das crianças e dos adolescentes:

1. O valor do dinheiro e o conceito de troca

Desde cedo, ajude seu filho a entender que o dinheiro representa o resultado de um esforço e serve para trocar por produtos e serviços.

- **Exemplo prático:** leve-o ao mercado e mostre como funciona o troco, o que é caro e o que é barato, e como o preço de algo deve ser avaliado pelo seu significado (necessidade ou desejo), e não só pelo número na etiqueta.

2. A diferença entre necessidade e desejo

Esse é um dos pilares mais importantes para evitar o consumismo desenfreado no futuro.

- **Exemplo prático:** ao pedir um brinquedo novo, converse: "Você realmente precisa disso agora, ou é um desejo? Que outra coisa importante esse dinheiro poderia ajudar a realizar?".

3. O hábito de poupar e planejar

Ensine que guardar dinheiro não se trata de privar-se, e sim de escolher ter mais no futuro.

- **Exemplo prático:** incentive-o a separar parte da mesada ou do presente em dinheiro para um objetivo maior (como um jogo ou uma bicicleta). Ajude-o a definir metas e acompanhar o progresso.

4. O valor do trabalho e do esforço

Crianças e adolescentes precisam entender que dinheiro não "aparece", ele é fruto do esforço.

- **Exemplo prático:** estabeleça pequenas tarefas, como organizar livros ou cuidar de um jardim, que podem gerar pequenas recompensas financeiras. Isso ajuda a criar uma conexão saudável entre empenho e conquista.

5. A importância de doar e compartilhar

Educação financeira se resume no ensino de empatia e propósito.

- **Exemplo prático:** convide seu filho a identificar uma causa que ele admire (animais, meio ambiente, pessoas em situação de vulnerabilidade) e, juntos, elaborem uma pequena ação de apoio, por exemplo: montar kits de higiene, visitar uma ONG ou participar de um bazar beneficente. Assim, ele aprende na prática que o dinheiro também pode ser ferramenta de empatia e transformação social.

6. O poder das escolhas e das consequências

Ensinar seus filhos a tomar decisões financeiras e lidar com os resultados é essencial para criar autonomia.

- **Exemplo prático:** se gastarem toda a mesada de uma vez, resista à tentação de completar o valor. Deixe que vivam a consequência e ajude-os a refletir sobre como poderiam ter agido diferente.

7. Conversas e combinados claros

Um pilar que sustenta todos os outros é o diálogo. O dinheiro não pode ser um tabu.

- **Exemplo prático:** crie momentos para conversar sobre dinheiro em família, desde o planejamento de um passeio até a escolha de onde economizar. Estabeleçam combinados: limite de gastos, regras para pedir algo novo, planos de economia.

As crianças aprendem muito mais quando estão se divertindo. Existem muitos jogos educativos que podem ajudá-las a compreender melhor o funcionamento do dinheiro. Alguns jogos de tabuleiro, como Banco Imobiliário ou até mesmo versões digitais de simuladores financeiros, podem ser muito úteis para a aprendizagem.

Além disso, atividades práticas como abrir uma conta bancária para o filho ou até criar um quadro de metas financeiras ajudam a introduzir conceitos de planejamento e poupança.

É muito comum que, à medida que as crianças crescem, elas comecem a pedir dinheiro com mais frequência. A questão aqui não é simplesmente dizer “sim” ou “não” indiscriminadamente, mas usar essas solicitações como oportunidades de aprendizado. Pergunte ao seu filho:

- Por que você precisa desse dinheiro?

- O que você planeja fazer com ele?
- Como você vai se sentir depois de gastá-lo?

Essas perguntas ajudam a criança a refletir sobre os próprios desejos e escolhas, ensinando-lhe sobre o valor do dinheiro e como tomar decisões financeiras mais conscientes.

Agora, pare por um momento e pergunte a si mesmo: o que eu quero que meus filhos aprendam sobre o dinheiro? Quero que eles entendam o valor de poupar, planejar e tomar decisões financeiras responsáveis? Ou quero que eles sigam o exemplo de viver no momento, sem pensar no futuro?

A resposta a essa pergunta pode ser a chave para a forma como você guiará seus filhos em sua jornada financeira. Lembre-se de que, quanto mais cedo você começar, mais forte será o entendimento deles sobre o dinheiro e as decisões financeiras.

Ao ensinar seus filhos desde cedo sobre o valor do dinheiro, você está ajudando a prepará-los para o futuro financeiro e também está oferecendo uma base sólida de princípios e valores que os acompanharão ao longo da vida.

Ao final deste capítulo, você deve refletir: você está criando um legado financeiro para seus filhos, com lições práticas que vão durar a vida toda? Ou está adiando esse aprendizado, acreditando que eles aprenderão "sozinhos" mais tarde?

O tempo de ensinar é agora.

ATIVIDADE: CADERNO DOS DESEJOS

Objetivo: ensinar a criança a refletir sobre os próprios desejos, desenvolver paciência, planejamento e entender a diferença entre vontade e necessidade.

Como funciona?

1. Crie o "caderno dos desejos".
   - A família separa um caderninho (ou mesmo um bloquinho, ou um diário).
   - A criança pode customizar o caderno, decorando com adesivos, desenhos e o nome dela na capa. Isso torna o processo mais especial e dá sentido de "projeto pessoal".

2. Quando a criança pedir algo...

- Em vez de responder "não", "não tenho dinheiro" ou simplesmente comprar, os pais devem dizer: **"Não vamos comprar agora porque isso não estava planejado. Vamos anotar no seu 'caderno dos desejos' para pensar com calma".**
- Anotem o pedido no caderno com a data e o motivo (exemplo: boneca que vi na loja, carrinho do comercial da TV).

3. Revisite o caderno em datas especiais.

- Combinem que os pedidos do "caderno dos desejos" serão revisitados em datas comemorativas: aniversário, Dia das Crianças, Natal etc.
- Nessa hora, pais e filhos juntos olham tudo o que foi anotado. A criança escolhe o presente que realmente ainda deseja, de acordo com um valor combinado (exemplo: até R$ 150).
- Esse processo mostra para a criança:
  - Quantas coisas ela pediu no impulso e já nem quer mais.
  - A importância de pensar antes de comprar.
  - Como o planejamento ajuda a fazer escolhas melhores.

4. Dicas importantes para a atividade funcionar bem.

- **Estabeleça o teto de valor desde o início** (exemplo: Na próxima data especial, você vai escolher um presente de até R$ 150).
- **Inclua a criança no processo** de comparar preços e pesquisar o presente no momento da escolha.
- **Valorize o uso desse caderno:** incentive a criança a desenhar o que quer, escrever por que deseja o item ou colar recortes de revista.
- **Reforce o aprendizado:** depois de cada data comemorativa, conversem sobre como foi escolher, perguntando, por exemplo, se percebeu que pediu coisas que nem queria tanto assim?

O que a criança aprende com o "caderno dos desejos"?

- A ter paciência antes de consumir.
- A diferenciar o que é vontade do que é necessidade.
- A planejar suas escolhas.
- A valorizar o presente recebido, porque foi pensado e esperado.

16

MESADA: COMO E QUANDO INTRODUZIR?

A mesada é muito mais do que uma simples quantia entregue regularmente; é uma poderosa ferramenta educativa que ensina responsabilidade, autonomia e consciência financeira desde cedo. Quando bem orientada, ajuda as crianças a compreenderem que o dinheiro é um recurso limitado, que exige planejamento e escolhas.

Estudos indicam que o hábito de poupar se desenvolve ainda na infância e na adolescência, fases decisivas para a formação de comportamentos financeiros duradouros. Introduzir a mesada nesse período permite que a criança aprenda, de maneira prática e segura, a lidar com o dinheiro e a administrar os próprios recursos.

Pesquisas também mostram que crescer em um ambiente onde o dinheiro é discutido de forma aberta favorece atitudes mais saudáveis em relação ao consumo, à poupança e ao planejamento. O comportamento financeiro dos pais, aliás, exerce grande influência sobre as decisões futuras dos filhos.

Assim, a mesada não é apenas dar dinheiro, mas também ensinar a usá-lo com propósito, por meio do diálogo, do exemplo e da constância. É um passo importante na preparação das crianças para a independência e o equilíbrio financeiro ao longo da vida.

A mesada é uma das primeiras maneiras de ensinar aos filhos o valor do dinheiro, a importância do controle financeiro e a responsabilidade. Para muitos pais, a introdução da mesada pode gerar dúvidas: qual é a idade certa para começar? Quanto dar? Como ensinar a usar de modo consciente? Neste capítulo, vamos explorar como fazer da mesada uma ferramenta educativa poderosa, alinhada com os valores e princípios financeiros que você deseja transmitir aos seus filhos.

A mesada não é apenas uma maneira de dar dinheiro ao seu filho. Ao estabelecer esse tipo de prática, você permite que seu filho tenha um **primeiro contato com a gestão do dinheiro**, algo fundamental para que, no futuro, ele possa fazer escolhas financeiras conscientes.

Ela é a primeira oportunidade real de ter uma vida econômica própria, um mundo financeiro particular no qual podem tomar decisões, cometer erros e aprender com eles.

Assim como um adulto precisa administrar seu salário para pagar contas, poupar e gastar com lazer, a mesada permite que a criança experimente esse universo financeiro em menor escala. Ela passa a ser responsável pelas próprias escolhas e começa a entender, na prática, que o dinheiro não é infinito e que cada decisão financeira tem consequências.

Por isso, o papel dos pais não deve ser o de controlar cada centavo gasto, mas o de orientar, estimular a reflexão e permitir que os filhos aprendam com seus erros, pois é errando na infância que evitamos erros mais graves na vida adulta.

Mas como usar a mesada da maneira correta? Qual é a melhor abordagem para diferentes idades? Vamos entender como aplicar esse aprendizado tanto para crianças quanto para adolescentes.

Quando começar a dar a mesada (ou semanada)?

A idade ideal para iniciar o uso do dinheiro como ferramenta de educação financeira depende do ritmo e dos valores da família, mas existem orientações importantes com base no desenvolvimento da criança:

- **Dos 6 aos 10 anos:** nessa fase, o mais recomendado é a **semanada**, e não a mesada. Isso porque crianças pequenas ainda têm dificuldade para lidar com períodos longos como um mês. Se nós, adultos, temos, imagina a criança! A semanada ajuda a criança a visualizar melhor o ciclo entre ganhar, gastar, poupar e esperar, tudo de maneira mais imediata e concreta.
- **A partir dos 11 anos:** com o amadurecimento, já é possível introduzir a **mesada.** O pré-adolescente começa a ter mais capacidade de planejar e esperar por prazos mais longos. A mesada estimula o controle do próprio dinheiro por períodos maiores e já permite experiências como poupar para objetivos mais distantes.

Antes de começar a dar semanada ou mesada, é essencial conversar com seu filho sobre:

- O que é o dinheiro.
- Como o dinheiro é ganho por meio de trabalho e esforço.
- A diferença entre necessidade e desejo.
- A importância de planejar, poupar e fazer escolhas.

Lembre-se: semanada e mesada **não são presentes**, mas instrumentos de aprendizado para que a criança desenvolva responsabilidade, autocontrole e consciência financeira.

Quanto dar de mesada?

O valor da mesada pode ser um ponto de muita dúvida entre os pais. O mais importante é que o valor esteja adequado à realidade da criança e da família. A mesada não deve ser um valor exorbitante nem insignificante. Ela deve ser proporcional ao que a criança pode, de fato, administrar, de acordo com sua idade e compreensão.

Uma boa forma de calcular o valor da mesada é pensar naquilo que a criança gosta de comprar e nas coisas que ela precisará pagar com o próprio dinheiro. Para crianças pequenas, um valor modesto é suficiente – por exemplo, R$ 10 a R$ 20 por semana. À medida que a criança cresce e compreende melhor o conceito de dinheiro, você pode ir ajustando o valor.

Como ensinar a usar a mesada de forma consciente?

Agora que você já sabe quando e quanto dar de mesada, vamos falar sobre como ensinar seu filho a usar esse dinheiro de forma responsável. Aqui, o foco está em ensinar princípios financeiros e oferecer orientações sobre como gerir o que é recebido.

1. **Dividir o dinheiro em categorias.** Ensine seu filho a dividir a mesada em categorias para facilitar o entendimento de como o dinheiro pode ser utilizado. Uma boa dica é separar o valor em três partes:
    - Gastos atuais: o dinheiro que pode ser usado imediatamente para compras do dia a dia, como um brinquedo ou lanche.
    - Economia: um valor que deve ser guardado para o futuro, para uma compra mais cara, por exemplo.

- Doações: um pequeno valor, normalmente 10%, que pode ser destinado a ajudar outras pessoas ou causas, incentivando o pensamento altruísta e a responsabilidade social.

  Essa prática de dividir o dinheiro pode ser feita de maneira simples, usando envelopes, potes ou até mesmo planilhas. O importante é que a criança entenda que o dinheiro tem destinos diferentes, e o controle de cada um deles é fundamental.

2. **Envolver a criança no planejamento.** Ao invés de apenas dar a mesada e esperar que ela seja gasta, envolva seu filho no planejamento financeiro. Pergunte como ele gostaria de gastar o dinheiro e incentive-o a planejar suas compras. Isso ajuda a criança a aprender a tomar decisões financeiras mais racionais e menos impulsivas. Por exemplo, se seu filho deseja comprar um brinquedo mais caro, incentive-o a juntar parte da mesada por alguns meses para alcançar esse objetivo. Isso lhe ensina a importância do planejamento de longo prazo.
3. **Recompensar o bom comportamento financeiro.** Quando a criança demonstra disciplina no controle de seu dinheiro, reconheça esse comportamento positivamente. Elogios e recompensas, como um acréscimo na mesada ou liberação para uma compra especial, podem incentivar o comportamento responsável.
4. **Aprender com os erros.** Uma das grandes vantagens da mesada é que ela permite que seu filho cometa erros financeiros sem grandes consequências. Se ele gastar tudo em um dia e não tiver dinheiro para a semana seguinte, será uma lição valiosa sobre prioridades financeiras. Encoraje seu filho a aprender com esses erros, explicando que, assim como no mundo real, as escolhas financeiras precisam ser feitas com cuidado e atenção.

Como ensinar a importância de economizar?

Em um mundo cada vez mais consumista, ensinar seu filho a poupar e a esperar por recompensas futuras é um aprendizado com valor inestimável. Essa lição vai muito além do dinheiro: ela ajuda a desenvolver paciência, planejamento e a capacidade de fazer escolhas conscientes.

Desde cedo, a criança aprende que o dinheiro não serve apenas para gastar no impulso, mas também pode ser guardado, investido e usado para construir algo maior no futuro. O consumo consciente, quando ensinado na infância, se torna um dos pilares para uma vida financeira equilibrada e saudável na fase adulta.

Aqui estão algumas dicas para ensinar seu filho a economizar:

1. **Estabeleça metas de economia.** Ajude seu filho a definir metas de economia. Pode ser para comprar algo que ele deseja, como um brinquedo específico, ou simplesmente para acumular uma quantia maior ao longo do tempo. Isso dá a ele um objetivo claro e a motivação para economizar.
2. **Use o exemplo.** As crianças aprendem muito com o exemplo. Seja um modelo de economia e poupança para seu filho, mostrando como você planeja suas finanças pessoais, poupa e faz escolhas conscientes.
3. **Ofereça recompensas para economizar.** Incentive o hábito de poupar oferecendo pequenas recompensas quando seu filho atingir suas metas de economia. Por exemplo, se ele economizar certa quantia ao longo do mês, você pode dar um bônus ou ajudar a completar sua poupança.

A mesada é uma excelente ferramenta para ensinar aos filhos a responsabilidade financeira, mas ela deve ser dada com consciência. Se usada corretamente, pode ser mais do que uma simples quantia de dinheiro; ela pode ser uma lição de vida sobre escolhas financeiras e planejamento.

Ao envolver seus filhos no processo, ensinar a importância de economizar e gastar com sabedoria e dar a eles a oportunidade de cometer pequenos erros, você está oferecendo uma base sólida para que no futuro eles possam ser adultos financeiramente equilibrados e independentes.

ATIVIDADE: JOGO DA MESADA

Objetivo: ensinar a criança a administrar o dinheiro da mesada entre gastar, poupar e doar de maneira prática e divertida.

Idade recomendada: 6 a 10 anos.
Duração: 15 a 20 minutos.
Materiais necessários:

- Papel.
- Lápis ou canetas coloridas.
- Tesoura e fita adesiva (se quiser recortar).

- Moedinhas de papel ou fichas para representar o dinheiro (opcional).

Passo a passo:

1. As três caixinhas

- Desenhe três quadrados grandes no papel.
- Escreva dentro de cada um:
  - Gastar agora
  - Poupar
  - Doar

Se preferir, use três copos, potes ou envelopes e cole etiquetas com esses nomes.

2. Definição da meta fictícia

- Escolha um valor simples, como R$ 10 por semana.
- Corte dez papéis ou use as fichas para escrever R$ 1 em cada um deles.

Isso será o dinheiro da criança durante o jogo.

3. A regra básica

- Diga à criança que ela receberá R$ 10 e precisa decidir como dividir entre gastar agora, poupar para o futuro e doar para alguém.
- Sugira um exemplo inicial:
  - R$ 5 para gastar agora
  - R$ 3 para poupar
  - R$ 2 para doar

4. Situações rápidas

- Escreva em pequenos papéis algumas decisões para deixar o jogo divertido:
  - "Quer gastar R$ 2 em um doce?"
  - "Se guardar R$ 3 hoje, pode comprar um brinquedo maior no final."
  - "Um amigo precisa de ajuda. Quer doar R$ 1?"

- "Um brinquedo de que você gosta custa R$ 20. Quer começar a juntar?"

- Misture esses papéis e sorteie dois ou três durante cada rodada.

Modo de jogo

- **Defina a mesada.** Diga para a criança que ela receberá R$ 10 por semana, por exemplo.
- **Explique as três caixinhas.** Mostre, de maneira clara e objetiva, que o dinheiro precisa ser dividido em três partes:
  - Gastar agora (para doces, brinquedos pequenos etc.).
  - Poupar (para comprar algo maior depois).
  - Doar (para ajudar alguém ou uma causa simples).
- **Tome decisões semanais.** A cada rodada, faça perguntas que impliquem em uma decisão da criança.
- **Façam uma revisão final juntos.** Ao final das quatro rodadas (um mês), ajude a criança a contar:
  - Quanto ela gastou.
  - Quanto conseguiu guardar.
  - Quanto doou.
- Depois disso, pergunte:
  - "Se você tivesse guardado mais, o que poderia comprar?"
  - "Gostou de ajudar alguém?"
  - "Quer mudar sua estratégia na próxima rodada?"

Variações rápidas

O objetivo maior é combinar com a criança um desejo dela (um brinquedo de R$ 20, por exemplo) e ver se ela consegue poupar até lá.

Imprevisto

No meio de alguma rodada, você pode incluir algo como: "Você perdeu R$ 2 com o conserto de um brinquedo de que gosta muito", para ensinar sobre emergências.

17

ENSINAR A POUPAR E INVESTIR DESDE A INFÂNCIA

Aprender a lidar com dinheiro começa cedo, e quanto antes, melhor. Estudos mostram que crianças incentivadas a poupar e falar sobre finanças com os pais desenvolvem mais autonomia, controle e responsabilidade na vida adulta.

Desde pequenos, é possível ensinar os filhos a separar parte do que recebem para guardar, planejar e até investir. Práticas simples, como cofrinhos com objetivos ou uma mesada bem orientada, já ajudam a formar uma mentalidade de longo prazo.

Mais do que números, ensinar sobre dinheiro é ensinar valores. Quando pais falam e agem com consciência financeira, os filhos aprendem observando. Criar esse ambiente desde a infância prepara as próximas gerações para decisões mais seguras, responsáveis e prósperas.

Você se lembra de quando aprendeu a lidar com dinheiro pela primeira vez? Foi com a mesada do avô? Guardando moedas em um cofrinho? Ou será que foi na marra, já adulto, aprendendo com erros e boletos?

Agora pense: que tipo de infância financeira você deseja oferecer aos seus filhos? Uma infância onde o dinheiro é tabu e as decisões financeiras são um mistério ou um ambiente onde se fala de finanças com naturalidade, leveza e propósito?

O poder do cofrinho e da conversa

Não subestime o impacto de um simples cofrinho. Ele ensina que o dinheiro não nasce em árvore, que é preciso juntar, esperar e planejar. É o primeiro passo para aprender sobre prioridades, escolhas e até frustrações: os ingredientes fundamentais para o desenvolvimento de uma boa saúde financeira.

Junto ao cofrinho, vem a conversa. Explique, de modo simples, o que é guardar, o que é gastar e o que é investir. Mostre que cada moeda tem um valor, não só monetário, mas de tempo e esforço.

Poupar envolve sonhos

Para a criança, guardar dinheiro não precisa ser uma tarefa chata. Pode (e deve) ser algo ligado a sonhos. Quer aquele brinquedo novo? Que tal traçar um plano juntos para alcançá-lo? Assim, ela entende que o dinheiro é um meio, não um fim.

E mais: ao associar o ato de poupar a um sonho real, ela desenvolve uma habilidade rara até entre adultos: o planejamento de longo prazo.

Investir: sim, eles também podem aprender

Investir parece um assunto distante da infância, mas não precisa ser. Você pode mostrar para seu filho como o dinheiro cresce com o tempo, usando exemplos visuais ou brincadeiras. Existem hoje até plataformas com carteiras de investimento simuladas para crianças e adolescentes. O importante é plantar a semente: o dinheiro pode trabalhar para eles, não só o contrário.

Educação financeira é liberdade

Ensinar desde cedo a poupar e investir é oferecer liberdade no futuro. É preparar seus filhos para tomarem decisões com consciência, realizarem os próprios sonhos e evitarem armadilhas comuns da vida adulta.

Você não precisa ser um especialista para começar. Só precisa estar presente, disposto a conversar e, principalmente, a viver de modo coerente com aquilo que deseja ensinar.

A infância é o solo fértil. Que sementes financeiras você está plantando hoje para o futuro de seus filhos?

ATIVIDADE: ÁRVORE DOS SONHOS FINANCEIROS

Objetivo: ensinar a criança a diferenciar desejos e necessidades e a entender a importância de poupar para realizar sonhos.

Materiais:

- Papel sulfite ou cartolina.

- Canetas hidrográficas coloridas ou lápis de cor.
- Tesoura.
- Cola.
- Notas adesivas ou recortes de papel colorido.

Passo a passo:

1. Desenhe uma árvore no papel, que será a "árvore dos sonhos". Ela representa a vida da criança crescendo com escolhas e aprendizados financeiros.
2. Recorte "frutinhas" coloridas. Em cada frutinha, a criança deve desenhar ou escrever um sonho ou desejo (um brinquedo, uma viagem, um curso, uma bicicleta).
3. Classifique juntos cada sonho:
   - É necessidade ou desejo?
   - É algo de curto prazo, médio prazo ou longo prazo?
4. Escolha um sonho para começar a economizar. Cole essa frutinha no topo da árvore e escreva ao lado:
   - Quanto custa?
   - Quanto podemos guardar por mês?
   - Em quanto tempo vamos alcançar?
5. Crie um "cofrinho dos sonhos". Pode ser um pote de vidro decorado. A criança vai acompanhar o progresso colocando o valor poupado e colando um adesivo ou estrelinha a cada nova conquista.

Dica para os pais

A cada mês, revisitem juntos a Árvore dos Sonhos. Vocês podem ajustar valores, trocar prioridades ou comemorar a realização de um objetivo. Isso ensina não só a poupar, mas também a pensar antes de gastar, a valorizar conquistas e a criar metas realistas.

18

ADOLESCENTES E INDEPENDÊNCIA FINANCEIRA

A adolescência é uma fase decisiva para o desenvolvimento da independência financeira. É nesse período que os jovens começam a tomar decisões com mais autonomia e formam hábitos que podem acompanhar toda a vida adulta.

Aprender sobre finanças desde cedo permite que eles estejam mais preparados para lidar com o dinheiro de modo consciente, evitando erros comuns e fortalecendo a responsabilidade nas escolhas. Além de ajudar a entender como administrar um orçamento, essa educação promove atitudes voltadas para o planejamento e a segurança financeira de longo prazo.

Comportamentos financeiros saudáveis adotados na juventude estão diretamente ligados a maior satisfação pessoal e bem-estar no futuro. Quando os adolescentes são incentivados a pensar no amanhã, desenvolvem uma mentalidade mais estratégica e menos impulsiva, o que contribui para a construção de uma vida adulta mais estável e equilibrada.

Educar financeiramente nessa fase trata-se de cultivar visão, autonomia e confiança para que os jovens trilhem um caminho de prosperidade com responsabilidade.

A adolescência é uma fase crucial no desenvolvimento de qualquer pessoa, sobretudo quando se trata de sua relação com o dinheiro. Durante esses anos, o adolescente começa a entender melhor o valor do trabalho, a importância do planejamento financeiro e as consequências das escolhas financeiras. Ensinar seu filho a administrar o dinheiro de maneira responsável nessa fase da vida é fundamental para prepará-lo para a vida adulta e para a independência financeira.

A independência financeira não significa que o adolescente deve ser completamente responsável por suas finanças desde cedo. Contudo, é essencial que ele compreenda a importância de gerenciar o próprio dinheiro, tomar decisões financeiras e aprender a viver de acordo com suas possibilidades.

Quando os adolescentes começam a trabalhar ou a receber algum tipo de rendimento (mesada, por exemplo), eles devem entender que, assim como os adultos, precisam fazer escolhas conscientes sobre como gastar e economizar. Isso significa aprender a definir prioridades, distinguir desejos de necessidades, planejar e buscar fontes de renda adicionais, se necessário.

A primeira etapa para cultivar a independência financeira no adolescente é ajudá-lo a desenvolver a mentalidade correta. Você precisa ensiná-lo a ver o dinheiro como uma ferramenta para atingir seus objetivos, e não como algo para ser gasto de imediato. Veja, a seguir, algumas estratégias para ensinar isso:

1. **Encorajar o trabalho e a renda própria.** Muitos adolescentes começam a trabalhar em meio período, fazendo bicos ou até mesmo tendo um emprego formal. Essa experiência é valiosa, pois ensina a importância do esforço e da dedicação. Além disso, o trabalho pode ajudar o adolescente a compreender o valor do dinheiro, a necessidade de poupar e a importância de ter uma reserva para emergências.
   Dica para os pais: incentive seu filho a procurar atividades ou empregos que o ajudem a desenvolver habilidades importantes, como liderança, responsabilidade e trabalho em equipe. Seja um guia para que ele tenha liberdade para explorar as próprias escolhas.
2. **Estabelecer metas financeiras pessoais.** Uma das melhores formas de ajudar o adolescente a se tornar financeiramente independente é ajudá-lo a definir metas claras. As metas podem ser de curto, médio e longo prazos e podem envolver desde a compra de um item desejado até o planejamento para os estudos ou a aquisição de um veículo. Ao estabelecer essas metas, é importante incentivá-lo a planejar como vai alcançar esses objetivos e como administrar o dinheiro para chegar lá. Isso ensina o adolescente a priorizar seus gastos e a fazer escolhas mais conscientes.
   Exemplo de meta de curto prazo: comprar um celular novo em três meses.

Exemplo de meta de longo prazo: economizar para pagar uma faculdade ou um intercâmbio.

3. **Fazer o dinheiro trabalhar para você.** Ensinar os adolescentes a investir o dinheiro que recebem é um dos passos mais importantes para prepará-los para a independência financeira. Não é necessário recorrer a investimentos complicados, e sim incentivar seu filho a entender a diferença entre gastar e investir é crucial. Uma boa maneira de introduzir os adolescentes no mundo dos investimentos é começar com conceitos básicos de poupança e juros compostos. Explique como o dinheiro pode crescer quando é investido, em vez de simplesmente guardado.

   Dica para os pais: Comece apresentando opções simples, como a poupança ou fundos de investimento de baixo risco. À medida que seu filho ganhar confiança, você poderá orientá-lo a explorar investimentos mais avançados.

Responsabilidade nas compras e o perigo da impulsividade

Uma das maiores armadilhas que os adolescentes enfrentam quando ganham a própria renda é a tentação de gastar de maneira impulsiva. A adolescência é uma fase marcada por experimentação e busca por identidade, e isso, muitas vezes, reflete nas escolhas de consumo. Ensinar os adolescentes a controlar impulsos e planejar suas compras é um dos principais desafios para os pais.

1. **Distinção entre necessidades e desejos.** Como em qualquer fase da vida, os adolescentes enfrentam constantemente a pressão de consumir. A mídia e as redes sociais muitas vezes criam uma falsa necessidade de ter os últimos gadgets ou roupas de marca. Como pais, podemos ajudar nossos filhos a distinguir entre necessidades e desejos, lembrando-lhes de que as compras impulsivas nem sempre trazem felicidade a longo prazo.
2. **Orçamento pessoal e controle de gastos.** Ensinar o adolescente a controlar seus gastos e a criar um orçamento pessoal é uma habilidade valiosa. Ao estabelecer um limite para os gastos mensais e ajudar a registrar os custos, ele aprenderá a pensar antes de comprar.

   Exemplo prático: se seu filho recebe uma mesada ou trabalha em algum emprego, incentive-o a criar uma planilha simples de orçamento na qual ele registra as receitas e as despesas. Isso o ajudará a visualizar para onde o dinheiro está indo e se há necessidade de ajustes.

3. **Consequências do endividamento.** Embora a maioria dos adolescentes não tenha acesso a crédito ou dívidas formais, eles podem facilmente cair em armadilhas financeiras, como empréstimos para compra de itens desejados ou uso indevido de cartões de crédito (se os pais ou responsáveis permitirem que eles utilizem esses recursos). **Dica para os pais:** explique o conceito de endividamento e como ele pode se tornar um ciclo vicioso. Deixe claro que o crédito pode ser útil em momentos certos, mas também traz responsabilidade e consequências. O adolescente deve entender que o dinheiro que ele não tem hoje pode ter de ser pago com juros no futuro.

Fomentando a autonomia e a autodisciplina

O grande objetivo dos pais durante a adolescência é cultivar a autonomia financeira do filho, ou seja, a capacidade de tomar decisões financeiras por conta própria, de forma consciente e responsável. Para isso, é fundamental que o adolescente aprenda a autodisciplina e a responsabilidade em relação ao dinheiro.

1. **Recompensando o comportamento responsável.** Quando seu filho demonstra responsabilidade no gerenciamento do dinheiro, seja economizando, seja fazendo boas escolhas financeiras, é importante reconhecer esse esforço. Recompensas podem ser uma forma de incentivar ainda mais o comportamento positivo. Isso pode ser feito com elogios ou até mesmo com pequenos bônus, como um valor extra na mesada.
2. **Deixando-o tomar decisões, inclusive as erradas.** Nem todas as escolhas financeiras serão perfeitas, e tudo bem. O adolescente deve entender que errar é parte do processo de aprendizado. Deixe-o tomar decisões, mesmo que isso signifique cometer erros, para que ele possa aprender com a experiência. O importante é que os erros não sejam fatais ou prejudiciais a longo prazo, mas lições importantes.

A adolescência é a fase em que o indivíduo começa a transitar do mundo infantil para o mundo adulto, e isso inclui a relação com o dinheiro. Prepará-lo para a independência financeira é um dos maiores presentes que você pode oferecer, pois ele estará mais apto a lidar com a realidade financeira adulta de maneira equilibrada e consciente.

ATIVIDADE: CONSTRUINDO MEU FUTURO FINANCEIRO

Ensinar finanças para adolescentes pode parecer um desafio, mas é também uma oportunidade poderosa de unir o conteúdo escolar à vida prática. Essa atividade foi pensada para adolescentes entre 13 e 17 anos e pode ser adaptada conforme a maturidade e o conhecimento matemático de cada um. Além de desenvolver consciência sobre planejamento financeiro, ela reforça conteúdos fundamentais da matemática, como porcentagem, juro composto, equação simples, raciocínio lógico e análise de dados.

A proposta é simples: mostrar ao adolescente que o dinheiro é uma ferramenta que exige planejamento, escolhas e responsabilidade. Tudo isso em uma atividade prática, criativa e conectada com os sonhos e desafios dessa fase da vida. Ao longo da proposta, incentive seu filho a pensar criticamente, usar a calculadora e, acima de tudo, refletir sobre o impacto de suas decisões.

Objetivo: ensinar adolescentes a planejar suas finanças, tomar decisões conscientes e estabelecer metas pessoais.

Idade recomendada: 13 a 17 anos.
Duração: aproximadamente 1 hora.
Materiais necessários:

- Papel ou cartolina.
- Canetas hidrográficas coloridas.
- Régua.
- Calculadora.
- Planilha simples de orçamento.

1. 1. Introdução à independência financeira

Explique que ser independente financeiramente não significa "ficar rico rápido", mas saber controlar o que se ganha, fazer boas escolhas de consumo e planejar o uso do dinheiro com responsabilidade. Use uma conversa informal para explorar o que é autonomia financeira: pagar pelas próprias coisas, fazer escolhas de consumo mais conscientes e poupar para objetivos futuros.

Dê exemplos concretos: metas de curto prazo (comprar um celular novo), médio prazo (fazer um intercâmbio) e longo prazo (custear a faculdade ou empreender). Peça ao adolescente que fale sobre os próprios sonhos e objetivos, discuta como o dinheiro pode ajudar a conquistá-los e como a falta de organização pode impedir isso.

Conteúdos matemáticos envolvidos: linha do tempo, escala, proporcionalidade, representação temporal de objetivos.

2. Criando um "mapa do tesouro financeiro"

Peça ao adolescente que desenhe em uma cartolina ou um pedaço de papel um caminho semelhante a um mapa do tesouro. Ao longo do caminho, ele deve marcar os objetivos de curto, médio e longo prazos. Para cada meta, deve incluir ícones, palavras-chave e prazos estimados para alcançá-las.

Explique que isso serve para visualizar a jornada e refletir sobre o esforço e o tempo necessário para alcançar aquilo que se deseja. Incentive o uso de cores, desenhos e criatividade.

Habilidades desenvolvidas: organização de ideias no tempo, representação visual de metas, estruturação de horizontes de planejamento.

3. Planejamento de orçamento pessoal

Entregue uma planilha simples (ou desenhe uma tabela com colunas no papel): receitas, despesas fixas, despesas variáveis, economia. Peça ao adolescente que preencha com o que recebe (mesada, vendas, bicos), o que costuma gastar (lanches, transporte, presentes, lazer) e o quanto ele consegue ou gostaria de poupar.

Ajude-o a calcular se há saldo positivo ou negativo. Se estiver negativo, reflitam juntos sobre onde cortar. Se houver sobra, definam juntos uma meta de economia.

Conteúdos matemáticos envolvidos: adição, subtração, porcentagens, proporção, estimativa e raciocínio lógico.

4. Tomando decisões: necessidades × desejos

Faça uma lista conjunta de coisas que o adolescente gostaria de comprar. Depois, peça que classifique cada item como necessidade (essencial) ou desejo (opcional). Discuta as diferenças entre os dois e mostre como as decisões de consumo devem considerar o orçamento, os objetivos e os valores pessoais.

Dê exemplos reais: um tênis novo pode ser uma necessidade ou um desejo, dependendo do contexto. Ensine que fazer escolhas conscientes é parte da vida adulta e da construção da liberdade financeira.

Habilidades desenvolvidas: pensamento crítico, hierarquização de prioridades, uso do orçamento como ferramenta de decisão.

5.Simulação de renda e trabalho

Incentive o adolescente a pensar em formas reais de gerar renda: vender algo, cuidar de pets, ajudar familiares ou realizar tarefas em casa com recompensa simbólica. Peça-lhe que calcule quanto isso geraria por hora, por semana e por mês. Façam juntos o cálculo de valor/hora e estimativas realistas de quanto seria necessário trabalhar para atingir determinada meta.

Relacione isso à valorização do trabalho e ao tempo como recurso precioso.

Conteúdos matemáticos envolvidos: multiplicação, divisão, regra de três, valor/hora, planejamento de metas.

6. Desafio da autodisciplina

Proponha regras simples para ajudar no controle do consumo: esperar 24 horas antes de comprar, limitar gastos com lazer a 30% do total recebido, guardar ao menos 10% todo mês. Durante uma semana, peça que registre os gastos em um caderno ou app e reflita no final: o que foi gasto por impulso? O que foi planejado?

Reforce que disciplina não é se privar de tudo, mas decidir com consciência. Essa é uma habilidade-chave da vida adulta.

Habilidades desenvolvidas: autocontrole, monitoramento de hábitos, tomada de decisão com base em regras pessoais.

7. Reflexão e recompensas

Converse sobre as consequências das decisões financeiras: quando gastamos sem pensar, às vezes deixamos de aproveitar oportunidades importantes depois. Ao final da atividade, peça ao adolescente que reflita:

- O que aprendi sobre meu comportamento com dinheiro?
- O que posso melhorar?
- Quais hábitos quero manter?

Celebre as boas decisões: um elogio, um gesto de apoio para ajudar com uma meta ou até um bônus na semanada podem reforçar o aprendizado.

Matemática com propósito

Ao trabalhar com essa atividade, você ajuda seu filho a entender a matemática em seu dia a dia. Por trás de cada meta, cálculo e decisão, há conceitos importantes sendo aplicados de forma concreta. E mais do que isso: você planta a semente da responsabilidade, do equilíbrio e da autonomia financeira.

19

TRABALHO E RESPONSABILIDADE: A RELAÇÃO COM O PRIMEIRO SALÁRIO

O primeiro salário é um marco importante na vida de qualquer jovem, pois é o momento em que a teoria dá lugar à prática e a responsabilidade financeira começa de fato.

As experiências vividas até aqui, sobretudo os aprendizados familiares e escolares, influenciam diretamente a forma como esse dinheiro será administrado. O primeiro salário testa hábitos, crenças e valores adquiridos ao longo da infância e da adolescência, revelando quão preparado o jovem está para lidar com escolhas financeiras reais.

Esse momento também é uma excelente oportunidade para desenvolver equilíbrio entre o prazer imediato e o compromisso com o futuro. Aprender a poupar, planejar e gastar com consciência logo no início da vida profissional aumenta significativamente as chances de construir uma trajetória financeira saudável e sustentável.

Mais do que um valor em conta, o primeiro salário representa liberdade com responsabilidade, uma chance de transformar conhecimento em atitude e iniciar, com o pé direito, a construção de um futuro próspero.

O **primeiro salário é um marco na vida de qualquer jovem. Representa** a primeira experiência concreta de ganhar dinheiro com esforço próprio; é nesse momento que muitos aprendem o verdadeiro significado do trabalho, da responsabilidade e da recompensa. Para os pais, esse é um momento único para orientar os filhos sobre como lidar com o dinheiro e, mais importante, como construir uma base financeira sólida que os acompanhará ao longo da vida.

Para o adolescente, o primeiro salário é muito mais do que apenas um valor numérico. Ele simboliza a conquista pessoal, o reconhecimento do esforço e a sensação de autossuficiência. Quando o adolescente começa a trabalhar, ele experimenta a transição de depender dos pais para ser capaz de tomar decisões financeiras próprias. Esse é um momento de grande importância, que pode marcar mudança significativa na forma como ele enxerga o dinheiro.

Este também é o momento ideal para o jovem entender que o trabalho é a chave para a prosperidade financeira, mas que a maneira como ele administra o salário pode ser ainda mais importante. Embora o valor recebido seja fundamental, é a forma como ele gerencia esse dinheiro que determinará seu sucesso financeiro no futuro.

Muitas vezes, o adolescente que recebe seu primeiro salário se sente tentado a gastar tudo imediatamente, seja com itens de desejo imediato, seja em busca de uma experiência que valha a pena. Aqui entra o papel fundamental dos pais em orientar o jovem sobre a importância de planejar os gastos.

1. **O desafio de gastar com consciência.** Para muitos adolescentes, a ideia de guardar parte do primeiro salário pode parecer pouco atraente, mas é fundamental que eles entendam que poupar é um hábito. Ao incentivar o jovem a separar uma porcentagem do salário para poupança, ele começará a entender a importância da disciplina financeira e da construção de um futuro seguro.
   O ato de poupar vai além de simplesmente guardar dinheiro. Ele significa priorizar objetivos de longo prazo sobre os desejos imediatos. Ensinar o adolescente a encontrar o equilíbrio entre aproveitar o presente e garantir o futuro é um dos passos mais importantes na educação financeira.
2. **O planejamento de um orçamento pessoal.** O orçamento pessoal é uma ferramenta indispensável e é o momento perfeito para ensinar o jovem a planejar seus gastos. Um orçamento simples pode ajudar a distinguir entre o que é essencial (alimentação, transporte etc.) e o que é supérfluo (entretenimento, roupas etc.). Ensinar a priorizar as necessidades é uma lição que o ajudará a ser mais consciente e responsável com o dinheiro.

A chave para o sucesso do orçamento é a disciplina. O adolescente precisa compreender que, ao fazer um orçamento, ele está tomando o controle de suas finanças e se preparando para enfrentar as dificuldades financeiras do futuro. A habilidade de administrar o dinheiro com sabedoria, mesmo com salário pequeno, terá um impacto significativo em sua vida financeira futura.

3. **A importância de estabelecer metas financeiras.** O primeiro salário também é o momento ideal para o jovem definir metas financeiras. Seja para comprar algo de maior valor, como um celular novo, seja para economizar para a faculdade ou um intercâmbio, o jovem pode aprender que a paciência e o planejamento são essenciais para conquistar objetivos de longo prazo.

   Exemplo prático: se o jovem recebe um salário mensal de R$ 500, ele pode estabelecer uma meta de economizar R$ 200 por mês para alcançar o valor necessário para um curso extracurricular ou uma viagem que deseja fazer. Ao dividir suas metas em objetivos menores e realizáveis, ele terá a sensação de progresso contínuo e a satisfação de ver seu dinheiro se transformando em algo valioso.

4. **O perigo da tentação do consumo imediato.** Quando o jovem recebe o primeiro salário, ele pode se sentir tentado a gastar todo o dinheiro de uma vez, comprando coisas que deseja ou saindo para festas e entretenimento. Isso é natural, mas é aqui que os pais podem exercer um papel crucial de orientação.

   Para ajudar o jovem a resistir à tentação de gastar de maneira impulsiva, os pais devem conversar sobre a importância do equilíbrio. Embora seja importante aproveitar o presente, é essencial mostrar que a gratificação imediata pode ter um custo elevado no futuro. Encoraje o jovem a planejar suas compras, pesquisar antes de gastar e a entender que adiar uma compra por alguns dias pode ser uma decisão financeira sábia.

A preparação para as despesas de longo prazo

Com o primeiro salário, o adolescente também começará a enfrentar responsabilidades financeiras que envolvem despesas de longo prazo, como transporte para o trabalho, materiais escolares, ou até mesmo a contribuição para as despesas da casa. É importante ensinar ao jovem como ele pode organizar suas finanças para cobrir essas despesas sem comprometer outras necessidades ou vontades.

Desenvolvendo a mentalidade de investimento

Uma excelente lição para o adolescente nessa fase é começar a entender como o dinheiro pode trabalhar para ele. O primeiro salário pode ser uma boa oportunidade para o jovem aprender sobre investimentos e como eles podem contribuir para seu crescimento financeiro no futuro.

Ensine-o sobre juros compostos, fundos de investimento e ações, mesmo que de maneira simples e gradual. A ideia não é que ele invista todo o seu salário de imediato, mas que entenda os benefícios de começar cedo e de como os pequenos investimentos podem se transformar em grandes conquistas no futuro.

Ao receber o primeiro salário, o adolescente ganha uma nova sensação de autonomia financeira. Ele deixa de ser completamente dependente dos pais e começa a se responsabilizar pelas próprias escolhas financeiras. No entanto, isso também implica a necessidade de autodisciplina e de entender que toda escolha financeira tem consequências, sejam elas boas, sejam elas ruins.

1. **Liberdade com responsabilidade.** Embora o jovem tenha a liberdade de gastar seu salário como bem entender, é importante que ele entenda que essa liberdade vem com responsabilidade. O primeiro salário é uma oportunidade de aprender a equilibrar liberdade e disciplina, respeitando os próprios limites financeiros e planejando de forma inteligente seu futuro.
2. **Discussões abertas e transparentes.** Mantenha sempre um canal aberto de comunicação com seu filho sobre dinheiro. Discussões regulares sobre finanças podem ser muito produtivas, pois permitem que o jovem faça perguntas, compartilhe suas preocupações e receba conselhos valiosos. Essa transparência ajuda a consolidar a educação financeira e a fortalecer o relacionamento entre pais e filhos.

O primeiro salário do adolescente é um momento de transição, de aprendizado e de novas responsabilidades. Como pais, nossa função é ajudá-los a entender o valor do trabalho, a importância de planejar e a necessidade de fazer escolhas financeiras conscientes. A maneira como o jovem lida com o primeiro salário pode determinar sua trajetória financeira futura; por isso, é fundamental que ele aprenda desde cedo a valorizar o dinheiro, planejar suas finanças e agir com responsabilidade.

ATIVIDADE: PLANEJANDO O PRIMEIRO SALÁRIO

Objetivo: ajudar os adolescentes a compreenderem a importância de gerenciar o primeiro salário com responsabilidade, incentivando-os a estabelecer metas financeiras, fazer um orçamento pessoal e resistir à tentação de consumir impulsivamente.

Idade recomendada: 14 a 18 anos.

Materiais necessários:

- Papel ou cartolina.
- Canetas hidrográficas coloridas.
- Calculadora (opcional).
- Planilha simples de orçamento (com as categorias: Receitas, Despesas, Economia, Metas).
- Fichas de metas financeiras (opcional).

Duração: aproximadamente 1 hora.

Passo a passo:

1. Introdução ao primeiro salário
   - **Conversa inicial:** inicie a atividade conversando com os adolescentes sobre o que representa o primeiro salário. Explique que é mais do que uma compensação financeira; é um marco na transição de dependência para autonomia.
   - **Reflexão:** pergunte o que eles acham que fariam se recebessem o primeiro salário agora. Quais seriam suas prioridades de gasto? O que significaria para eles receber o primeiro pagamento?

2. Planejamento de orçamento pessoal
   - **Objetivo:** ensinar o adolescente a organizar seus ganhos e despesas, priorizando suas necessidades e aprendendo a separar uma parte para economizar.
   - **Passo 1: preenchendo o orçamento.** Forneça uma planilha simples de orçamento pessoal. Explique as categorias básicas:
     - **Receitas:** o quanto o jovem recebe (mesada, salário, bicos etc.).
     - **Despesas:** alimentação, transporte, contas pessoais (celular, internet), lazer.
     - **Economia:** o quanto ele deseja guardar para objetivos futuros.

- **Passo 2: estabelecendo prioridades.** Incentive o adolescente a dividir seus gastos entre "necessidades" (como transporte e alimentação) e "desejos" (como roupas, saídas, diversão). Ele deve colocar as necessidades em primeiro lugar e depois decidir quanto pode gastar em desejos.
- **Passo 3: calculando a economia.** Ajude o adolescente a escolher uma porcentagem do salário que ele gostaria de economizar. Explique que, mesmo que o valor pareça pequeno, poupar é um hábito que fará diferença a longo prazo.

3. Metas financeiras

- **Objetivo:** ensinar o adolescente a estabelecer metas financeiras claras, tanto de curto quanto de longo prazo.
- **Passo 1: definindo metas de curto e longo prazo.** Explique a diferença entre metas de curto prazo (algo que ele pode alcançar em poucos meses, como um presente ou um item desejado) e metas de longo prazo (como economizar para uma viagem ou um curso).
- **Passo 2: criando metas.** Peça ao adolescente que escreva pelo menos uma meta de curto prazo e uma de longo prazo, por exemplo:
  - Curto prazo: comprar um par de tênis novo (meta de dois meses).
  - Longo prazo: economizar para um intercâmbio ou pagar parte de um curso universitário (meta de um ano ou mais).
- **Passo 3: planejando o caminho até as metas.** Incentive-o a calcular quanto ele precisará economizar a cada mês para atingir essas metas. Explique que, ao seguir o orçamento e manter a disciplina, ele conseguirá alcançar esses objetivos.

4. Desafio da tentação do consumo

- **Objetivo:** ajudar o adolescente a resistir à tentação de gastar impulsivamente e reforçar a importância do controle emocional no processo de consumo.
- **Passo 1: discussão sobre o consumo impulsivo.** Fale sobre como a tentação de gastar rapidamente é natural, sobretudo com o primeiro salário, mas que é importante resistir. O dinheiro pode ser usado de modo mais inteligente quando ele é bem planejado.
- **Passo 2: estabelecendo o desafio.** Desafie o adolescente a, durante um mês, adiar qualquer compra não essencial por pelo menos

24 horas. Antes de qualquer gasto impulsivo, ele deve refletir se aquele gasto é realmente necessário.

- **Passo 3: reflexão sobre o resultado.** Após o mês, converse com ele sobre a experiência. Como foi adiar compras? Quais decisões ele fez que se mostrou ser mais inteligentes? Como isso afetou suas metas?

5. Preparação para despesas de longo prazo

- **Objetivo:** ensinar o adolescente a planejar despesas recorrentes e a entender que, com o salário, chegam também as responsabilidades.
- **Passo 1: identificando despesas recorrentes.** Peça ao adolescente que liste todas as despesas mensais que ele terá com o primeiro salário, como transporte, materiais escolares, alimentação e, se necessário, contribuição em casa.
- **Passo 2: planejando para essas despesas.** Ajudá-lo a calcular quanto ele precisará gastar com essas despesas fixas e como isso se encaixa no orçamento mensal. Lembre-o de sempre reservar uma parte do salário para cobrir essas necessidades, sem comprometer as metas de economia.

6. Reflexão e discussão sobre autonomia e responsabilidade

- **Objetivo:** ensinar o adolescente que, com a liberdade financeira, vem a responsabilidade de tomar decisões que afetarão seu futuro.
- **Passo 1: autonomia financeira.** Explique que, ao ganhar o primeiro salário, ele tem a liberdade de escolher como gastá-lo, mas também a responsabilidade de fazer escolhas inteligentes que o ajudem a alcançar seus objetivos.
- **Passo 2: responsabilidade nas escolhas.** Incentive o adolescente a refletir sobre como ele se sente em relação à responsabilidade de administrar o próprio dinheiro. Quais desafios ele pode encontrar? Como pode se preparar para esses desafios?

Reflexão final

- Pergunte ao adolescente como ele se sente em relação a ganhar o primeiro salário. Quais são suas expectativas e medos?

- Reforce a ideia de que o primeiro salário é uma grande conquista, mas que a maneira como ele gerenciará esse dinheiro será crucial para a saúde financeira futura.

Benefícios da atividade:

- Ensina a importância de criar um orçamento pessoal e como priorizar necessidades e desejos.
- Ajuda o adolescente a estabelecer metas financeiras claras e a entender o valor do planejamento a longo prazo.
- Incentiva a autodisciplina ao resistir à tentação do consumo impulsivo.
- Prepara o adolescente para gerenciar despesas fixas e responsabilidades financeiras.
- Fortalece o entendimento de que a liberdade financeira vem com responsabilidade.

Essa atividade proporcionará uma compreensão prática e emocional do que significa ganhar e gerenciar o primeiro salário, preparando o jovem para tomar decisões financeiras mais informadas e responsáveis no futuro.

20

ENSINAR INVESTIMENTOS PARA JOVENS: POR ONDE COMEÇAR?

Ensinar investimentos para os jovens pode parecer desafiador, mas é mais simples e necessário do que muitos imaginam. Quanto mais cedo eles aprendem, melhor conseguem tomar decisões financeiras no futuro. Estudos indicam que adolescentes que aprendem sobre finanças na escola ou em casa também apresentam melhora no desempenho em matemática, porque o tema estimula o raciocínio lógico e o pensamento estruturado.

O primeiro passo desse aprendizado é entender o básico: o que são juros, o valor do tempo no dinheiro e a importância de ter objetivos claros. Com esse conhecimento, os jovens percebem que investir não é uma forma de ganhar dinheiro rápido, mas uma maneira de construir o futuro com estratégia e responsabilidade. Ensinar investimentos é dar aos jovens liberdade, segurança e oportunidades. E o melhor momento para começar é agora.

Quando pensamos em investimentos, muitas vezes associamos a ideia a adultos, àqueles que já têm uma carreira consolidada ou certa estabilidade financeira. No entanto, quando os jovens começam a compreender o conceito de dinheiro e a responsabilidade financeira, esse também é o momento ideal para introduzir o mundo dos investimentos. Ensinar um adolescente sobre como fazer o dinheiro trabalhar para ele é uma das melhores formas de prepará-lo para a independência financeira.

Este capítulo vai mostrar como você pode começar a ensinar investimentos para os seus filhos de maneira simples, prática e adaptada para a faixa etária deles, ajudando-os a entender que investir é uma ferramenta poderosa para alcançar a liberdade financeira no futuro.

Investir não é apenas uma atividade para os adultos. O conceito de multiplicar recursos é algo que pode ser introduzido desde cedo, e quando um jovem entende como os investimentos funcionam, ele ganha uma vantagem considerável no início da sua vida adulta. O objetivo aqui é mostrar ao jovem que o dinheiro não precisa ser simplesmente guardado ou gasto; ele pode ser colocado para trabalhar, de modo inteligente, para gerar lucroo.

1. **A importância de começar cedo.** Quanto mais cedo um jovem começar a entender os conceitos de investimentos, mais cedo ele poderá aproveitar o poder dos juros compostos, um dos maiores aliados da acumulação de riqueza ao longo do tempo. Um pequeno investimento feito na adolescência, se bem administrado, pode crescer significativamente ao longo dos anos, dando ao jovem uma base financeira sólida quando atingir a vida adulta.
2. **Mentalidade de crescimento financeiro.** Ensinar sobre investimentos não envolve apenas técnicas financeira, mas também a mentalidade de longo prazo. Muitos jovens têm a tendência de pensar no agora e em benefícios imediatos. A educação sobre investimentos vai ajudá-los a adotar uma mentalidade de crescimento, fazendo-os perceber que, embora o retorno financeiro de alguns investimentos demore a aparecer, ele pode ser muito mais vantajoso a longo prazo do que decisões impulsivas.

Como introduzir investimentos para jovens de maneira prática e envolvente

Ensinar investimentos para jovens não se trata apenas de apresentar números e conceitos. É dar ferramentas para que eles desenvolvam visão de futuro, responsabilidade e autonomia financeira. O segredo está em tornar o tema acessível, conectando com a realidade e os interesses deles. Veja como fazer isso de modo mais completo:

1. Explique os conceitos básicos com situações reais

Antes de falar de termos técnicos, mostre como os investimentos fazem parte do dia a dia:

- **Poupança:** explique que é como guardar dinheiro em um cofre que rende um pequeno "agradecimento" do banco por deixar o dinheiro lá. Dê exemplos: Se você guardar R$ 50 por mês, no fim do ano terá mais de R$ 600, com pequeno extra dos juros.
- **Renda Fixa:** mostre que é como emprestar o dinheiro para o governo ou um banco, em troca de um pagamento combinado de juros. Por exemplo: no Tesouro Direto, o governo lhe paga para usar seu dinheiro por um tempo.
- **Ações:** diga que é como ser dono de uma pequena parte de empresas famosas (exemplo: quando você compra ações do Magazine Luiza, vira sócio de um pedaço da empresa e participa dos lucros e das dificuldades também).
- **Fundos de investimento:** explique que é um grupo de pessoas que junta o dinheiro para investir em várias coisas ao mesmo tempo, comandado por um gestor.
- **Juros compostos:** use a ideia da bola de neve. Imagine que os juros que você recebe viram parte do seu investimento, e no mês seguinte você ganha juros sobre esse valor maior. Assim, o dinheiro vai crescendo cada vez mais rápido.

2. Mostre a relação entre risco e retorno com comparações práticas

Todo jovem precisa entender que **não existe rendimento alto sem algum risco**. Use exemplos simples:

- **Renda Fixa é como andar de bicicleta em uma ciclovia:** o caminho é mais previsível, mas a velocidade é limitada.
- **Ações são como andar de skate em uma pista cheia de obstáculos:** dá mais emoção e pode ser mais rápido, mas também exige atenção e preparo.
- **Fundos imobiliários são como alugar um imóvel:** podem gerar uma renda todo mês (os aluguéis), mas o valor da propriedade pode subir ou cair.

Mostre gráficos simples ou simulações (existem apps e sites gratuitos) para visualizar essa relação.

3. Ensine a definir metas reais e alcançáveis

Falar de investimentos sem propósito não prende a atenção do jovem. Incentive a criar **metas claras e motivadoras**, como:

- Guardar R$ 100 por mês para comprar um notebook em doze meses.
- Juntar para fazer um intercâmbio no futuro.

Mostre como o investimento pode acelerar o alcance dessas metas em vez de deixar o dinheiro parado.

4. Explique a importância da diversificação com exemplos do dia a dia

Diversificar é proteger. Use analogias como:

- Não colocar todos os ovos na mesma cesta.
- Em um jogo, você não depende só de um jogador para ganhar: tem o atacante (ações), o goleiro (renda fixa), o meio de campo (fundos). O time funciona melhor junto.

Mostre que isso reduz os riscos de perdas maiores em momentos de instabilidade.

5. Mostre na prática: simulações e pequenos investimentos

Hoje existem apps e plataformas que permitem começar com pouco: R$ 10, R$ 50. Muitos simuladores on-line ajudam o jovem a testar diferentes estratégias e entender como o dinheiro se comporta. Incentive-o a explorar com você e discutir o que observaram juntos.

6. Compare os tipos de investimento mais comuns

Para consolidar o entendimento, apresente os principais tipos e suas características:

- **Ações:** alta volatilidade e potencial de retorno maior; exigem paciência e foco no longo prazo. Exemplo: comprar ações de empresas conhecidas e acompanhar as notícias.
- **Fundos Imobiliários (FIIs):** são mais estáveis do que ações e podem gerar renda mensal por meio de aluguéis. Exemplo: receber um aluguel sem precisar ser dono direto de um imóvel.
- **Renda Fixa (Tesouro Direto, CDB, LCI, LCA):** oferece mais segurança. Ideal para metas de curto prazo ou parte da reserva de emergência.

Exemplo: Tesouro Selic para ter o dinheiro disponível a qualquer momento em caso de imprevistos.

Por que isso tudo importa?

Ensinar jovens a investir não é só falar de dinheiro. É ensinar sobre paciência, escolhas conscientes, planejamento e risco calculado. E mais: estudos mostram que jovens que aprendem sobre finanças melhoram também o desempenho em matemática e raciocínio lógico, porque passam a ver os números com um propósito no mundo real.

Uma parte essencial da educação financeira de jovens investidores é ajudá-los a acompanhar seus investimentos. Ensinar o jovem a monitorar o desempenho de seus investimentos, a analisar resultados e a aprender com os erros é um passo fundamental para ele entender o ciclo de crescimento financeiro.

1. **Revisar os investimentos periodicamente.** Ensine seu filho a revisar seus investimentos com certa regularidade, de modo que ele avalie se estes estão atingindo seus objetivos. Isso pode ser feito de modo simples, verificando as rentabilidades e fazendo ajustes quando necessário.
2. **Falar sobre os benefícios de investir ao longo do tempo.** É importante que o jovem compreenda que investir é um jogo de longo prazo, no qual os investimentos podem não apresentar grandes retornos no início, mas que, com o tempo, o crescimento acelerado se torna evidente.

O impacto de começar a investir cedo: o poder dos juros compostos

Quando você ensina seu filho sobre investimentos, uma das lições mais importantes é mostrar que o tempo é o melhor amigo do investidor. E nada explica isso melhor do que o exemplo dos juros compostos, aquele efeito em que o dinheiro rende sobre o que já rendeu, como uma bola de neve que cresce cada vez mais.

Vamos ver na prática o que isso significa:

Imagine que seu filho comece a investir R$ 300 por mês em uma aplicação que rende 10% ao ano:

- Se ele começar aos 18 anos e investir até os 60 (42 anos de investimento), ele acumularia aproximadamente R$ 2.022.677.

- Se ele começar aos 30 anos e investir até os 60 (30 anos de investimento), o montante seria cerca de R$ 618.853.

O que isso mostra?

Por ter começado 12 anos mais cedo, o jovem que iniciou aos 18 anos termina com mais do que o triplo do valor acumulado, mesmo tendo investido o mesmo valor por mês.

Essa é a mágica dos juros compostos: quanto mais cedo você começa, mais o tempo trabalha a seu favor – e menos esforço financeiro você precisa fazer para alcançar grandes resultados.

Cenário 1: investindo dos 18 aos 60 anos (42 anos de investimento)

Valor inicial	Valor mensal
R$ 0,00	R$ 300,00
Taxa de juros	**Período**
% 10 anual	42 ano(s)

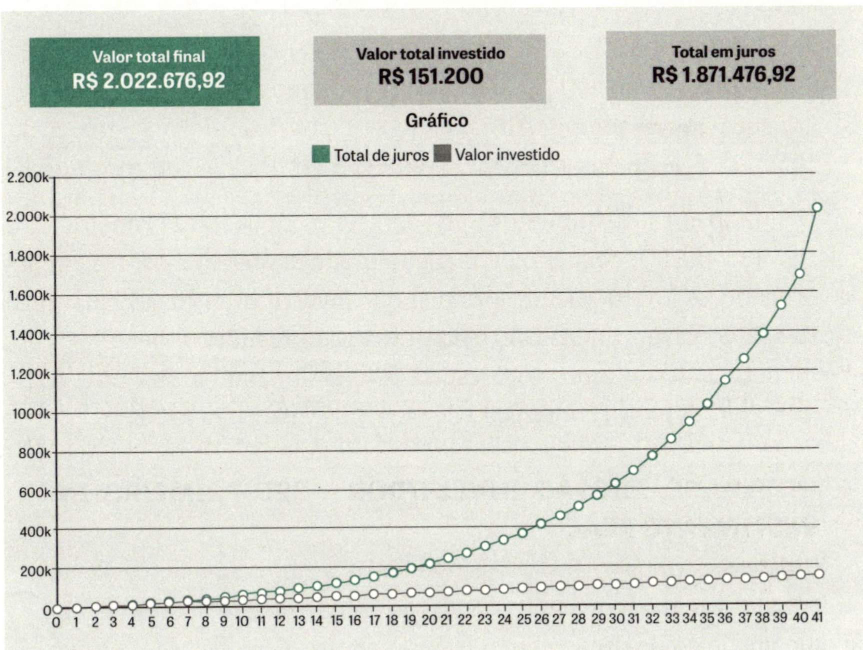

Cenário 2: investindo dos 30 aos 60 anos (30 anos de investimento)

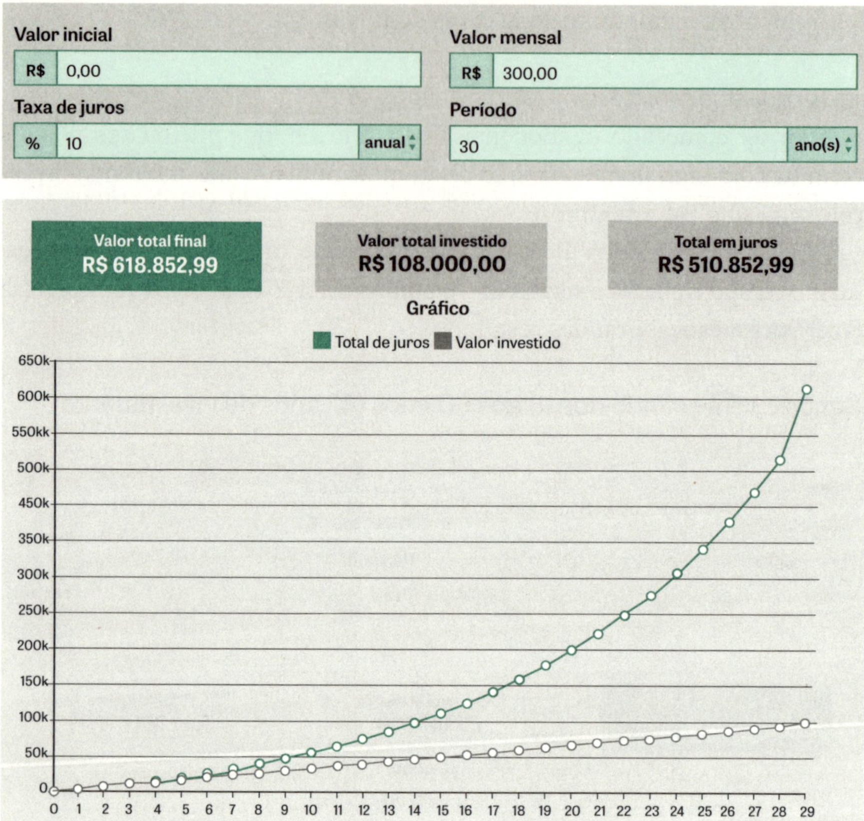

O mundo dos investimentos pode parecer complicado à primeira vista, mas, ao introduzir o conceito de maneira gradual, prática e com exemplos do cotidiano, os jovens podem aprender que investir é uma das formas mais eficazes de construir riqueza. Ao ajudá-los a compreender os benefícios dos investimentos desde cedo, você estará proporcionando a eles uma ferramenta poderosa para a construção de uma vida financeira saudável.

ATIVIDADE: MISSÃO INVESTIDOR – SEU PRIMEIRO INVESTIMENTO REAL

Objetivo: convidar o jovem a sair da teoria e dar o primeiro passo no mundo dos investimentos, criando um senso de protagonismo, autonomia e empolgação com o próprio dinheiro. Aqui ele vai ver que investir é tão empolgante quanto jogar um game, só que com ganhos reais no futuro.

Idade recomendada: 14 a 18 anos.

Como funciona a missão?

1. O desafio está lançado.

Explique para o jovem: "Hoje você vai deixar de ser só um espectador e vai entrar no jogo como investidor de verdade. Sua missão é criar uma conta digital gratuita em uma corretora confiável e fazer seu primeiro investimento com o próprio dinheiro."

O investimento pode ser pequeno – **R$ 20, R$ 50, R$ 100**, o valor que ele tiver disponível. O importante é começar.

2. Escolha da plataforma (o campo de batalha).

Peça ao jovem que pesquise (ou você pode sugerir) duas ou três plataformas amigáveis para iniciantes que ele possa baixar no celular e abrir a conta em minutos (NuInvest, XP, Banco Inter, Warren, Órama).

DICA: o jovem pode customizar o app, colocar meta no nome da carteira (Intercâmbio 2026, Meu Primeiro Notebook).

3. A primeira decisão de investidor.

O jovem vai escolher entre:

- **Renda fixa (Tesouro Selic, CDB):** segurança máxima para quem quer se sentir no controle.
- **Fundo imobiliário:** para quem quer começar a receber "aluguel" mesmo sem ter imóvel.
- **Ações:** para quem topa o frio na barriga de ver o valor subir e descer no curto prazo em troca de ganhos no longo.

O combinado: ele precisa **justificar a escolha**. O que ele quer com esse investimento? O que pesou mais: segurança ou vontade de crescer mais rápido?

4. Registro da missão (o diário do investidor).

Peça ao jovem que abra um bloco de notas (digital ou caderno) e anote:

- Quanto investiu e onde.
- Por que escolheu esse tipo de investimento.

- Qual é o objetivo daquele dinheiro (viagem, notebook, faculdade, reserva).
- O que sentiu ao fazer o primeiro investimento (empolgação, medo, curiosidade).

5. Acompanhe como um jogo.

Combinem um checkpoint todo mês para olhar o app juntos e ver como o dinheiro está evoluindo. Se estiver rendendo pouco, se caiu, se subiu: tudo vira aprendizado.

A ideia é o jovem ver **na prática o efeito do tempo, dos juros e do risco**, como em um jogo que ele comanda.

Por que essa missão é poderosa?

- O jovem cria a conta dele, no nome dele (com supervisão, se for menor de idade).
- Ele investe de verdade, mesmo que seja pouco, e começa a ver o dinheiro trabalhar.
- Ele entende na prática o impacto das escolhas e começa a desenvolver a mentalidade de longo prazo.
- Ele ganha autonomia e começa a se sentir dono do próprio futuro financeiro.

Conclusão:

Finalize dizendo:

"A diferença entre quem constrói riqueza e quem só sonha com ela é quem começa a agir. E você já deu o primeiro passo. Agora, continue no jogo e veja o poder do tempo trabalhando para você."

21

FORMANDO ADULTOS FINANCEIRAMENTE LIVRES

Ensinar sobre endividamento desde cedo é essencial para formar adultos financeiramente livres. Quando os jovens aprendem como o crédito funciona, quais são os riscos das dívidas e como organizar um orçamento, eles ganham ferramentas para tomar decisões mais conscientes no futuro.

A educação financeira ajuda a evitar o endividamento excessivo, mostrando que nem todo dinheiro disponível deve ser gasto. Saber a diferença entre necessidades e desejos é um passo importante para construir equilíbrio financeiro.

Além disso, ensinar a planejar os gastos, poupar antes de comprar e pensar nas consequências de cada decisão financeira fortalece a autonomia. Crises e imprevistos sempre vão existir, mas quem está preparado sabe como se adaptar e seguir com mais segurança.

Por isso, falar sobre dívidas não é assustar, é proteger. É mostrar que liberdade financeira começa com conhecimento e boas escolhas. E quanto mais cedo isso for ensinado, melhores serão os resultados.

A**o longo deste livro, exploramos como construir uma base sólida** de educação financeira, tanto para casais quanto para os filhos, com o objetivo de criar famílias que entendem, respeitam e sabem usar o poder do dinheiro. Entretanto, o último passo é o mais importante, porque é o legado que você deixará e o modo como você pode ajudar seus filhos a se tornarem adultos financeiramente livres.

Neste capítulo, vamos discutir como dar aos jovens as ferramentas necessárias para que, quando se tornarem adultos, eles possam tomar as próprias decisões financeiras de forma independente, madura e responsável. Formar adultos financeiramente livres não significa apenas ensinar a poupar ou a investir; é incutir neles a confiança de que eles podem controlar seu destino financeiro e de que, mais importante, não são prisioneiros das circunstâncias.

Antes de discutir como ajudar seus filhos a se tornarem financeiramente livres, é crucial entender o que significa liberdade financeira. Em sua essência, ser financeiramente livre é não depender de um salário para viver e ter a capacidade de tomar decisões sem que o dinheiro seja uma fonte constante de preocupação. Isso não significa ser rico, mas ter controle sobre as próprias finanças.

Um adulto financeiramente livre é aquele que:

- **Tem autonomia financeira.** Sabe quanto ganha, quanto gasta e, principalmente, sabe o que fazer com o dinheiro.
- **Não é escravo das dívidas.** Consegue viver sem depender de crédito ou empréstimos.
- **Tem uma mentalidade de abundância.** Enxerga o dinheiro como uma ferramenta para alcançar seus objetivos, e não como algo escasso ou limitante.
- **É capaz de fazer escolhas financeiras informadas e responsáveis.** Investe com sabedoria, gasta conscientemente e planeja para o futuro.

Agora que entendemos o que significa ser financeiramente livre, como você pode ajudar seus filhos a se tornarem adultos que possam viver essa liberdade?

1. **Ensine a importância da autonomia financeira.** Desde cedo, é fundamental que os filhos compreendam que, para alcançar a liberdade financeira, eles precisam ser responsáveis por suas finanças. Isso começa com a noção de que o dinheiro não cai do céu e que, para atingir seus objetivos financeiros, será necessário planejamento, disciplina e esforço.

   Como começar? Ensine-os a gerenciar o próprio dinheiro, mesmo que com pequenas quantias. Você pode começar com uma mesada ou até mesmo um projeto simples, como comprar um item desejado com o próprio dinheiro. Ao fazer isso, eles aprenderão o valor do trabalho, do esforço e do planejamento.

2. **Ensine a diversificação e o investimento inteligente.** Como mencionamos em capítulos anteriores, uma das chaves para a liberdade financeira é entender a importância de diversificar e investir o dinheiro. Ensinar seus filhos a investir não significa apenas escolher os ativos certos, mas também entender os riscos e aprender a tomar decisões informadas.

   Ofereça-lhes uma introdução ao mundo dos investimentos (ações, fundos imobiliários, renda fixa etc.) e ajude-os a entender que investir é uma jornada. Eles podem começar com pequeno valor e aprender sobre o mercado, acompanhar seus investimentos e ajustar sua estratégia conforme crescem.
3. **Crie uma mentalidade de abundância.** A mentalidade é um dos aspectos mais importantes da liberdade financeira. Encoraje seus filhos a pensar de maneira positiva e abundante em relação ao dinheiro. Isso não significa achar que o dinheiro é tudo, mas que eles têm o poder de gerar e gerir recursos.

   Uma mentalidade de abundância também envolve aproveitar as oportunidades, pensar fora da caixa e estar disposto a correr riscos calculados. Por outro lado, é importante ensinar que o dinheiro não é um fim em si, mas uma ferramenta que pode proporcionar mais liberdade, segurança e qualidade de vida.
4. **Ensine o valor do trabalho e da independência.** Ensinar seus filhos a valorizar o trabalho é essencial para que eles possam buscar a própria independência financeira. Em vez de esperar que o dinheiro "caia do céu", incentive-os a buscar formas de empreender, procurar emprego ou até mesmo aprender uma habilidade que possa gerar uma fonte de renda adicional.

   Além disso, ajude-os a entender que o dinheiro não é algo que simplesmente aparece. Ele deve ser conquistado, seja por meio de um trabalho, de um negócio ou de um investimento. Ensinar o valor do trabalho e da independência é uma das formas mais eficazes de prepará-los para o futuro.
5. **Ensine sobre planejamento e objetivos.** O planejamento é uma das ferramentas mais poderosas para alcançar a liberdade financeira. Ensinar seus filhos a estabelecer metas financeiras e a planejar suas finanças é essencial para que eles possam construir uma vida financeira estável e segura.

Comece com metas simples, como economizar para um item desejado ou pagar por uma experiência importante. À medida que seus filhos amadurecem, ajude-os a pensar em objetivos de longo prazo, como comprar uma casa, viajar pelo mundo ou até mesmo alcançar a independência financeira. Eles aprenderão que planejamento é fundamental para alcançar qualquer objetivo, incluindo a liberdade financeira.

6. **Ensine o poder de dizer "não".** Parte da liberdade financeira também vem de saber dizer "não" às tentações do consumo impulsivo. Ensine seus filhos que, às vezes, a verdadeira liberdade vem do controle sobre os próprios desejos e da capacidade de fazer escolhas conscientes. Não ceder à pressão social para consumir de forma desenfreada é um dos maiores passos em direção à liberdade financeira.

Ao ensinar seus filhos a se tornarem financeiramente livres, você não está apenas fornecendo a eles ferramentas para a independência financeira, mas também está criando um legado duradouro. Esse legado é muito mais do que ensinar a poupar ou investir; é dar aos seus filhos a confiança de que eles podem controlar suas finanças e alcançar seus sonhos, independentemente das dificuldades que possam surgir ao longo do caminho.

Como pais, vocês têm o poder de mudar o futuro financeiro de seus filhos, proporcionando-lhes as ferramentas e o conhecimento necessários para que se tornem adultos financeiramente livres. Ao fazer isso, você está não apenas transformando a vida deles, mas também criando uma geração que, finalmente, compreende o poder do dinheiro e usa esse poder para alcançar a liberdade.

Agora que você chegou ao final deste livro, pense sobre o legado que deseja deixar para seus filhos. Que tipo de adultos financeiramente livres você quer que eles se tornem? Quais são as lições mais valiosas que você pode ensinar para que eles tomem as rédeas de suas finanças e alcancem seus objetivos com confiança e responsabilidade?

IDEIAS DE ATIVIDADES

1. Missão: caça ao tesouro financeiro

Objetivo: ensinar a planejar e distribuir o dinheiro com emoção e escolhas reais.

Como funciona:

Transforme o ambiente em um mapa do tesouro! Crie pistas espalhadas pela casa ou escola, onde cada parada representa um dilema financeiro.

- Você tem R$ 20: compra o brinquedo agora ou guarda metade para algo maior depois?
- Você encontra um baú: dentro há moedas. Quantas você guarda em seu cofre e quantas você gasta na loja mágica?

No final, as crianças devem chegar ao "tesouro final": um certificado de pequeno planejador financeiro.

2.Supermercado do herói

Objetivo: ensinar sobre o valor de produtos e como gastar com sabedoria.

Como funciona:

Monte um minimercado com produtos de verdade ou miniaturas (alimentos, brinquedos, livros). As crianças recebem um valor em dinheiro fictício e precisam equipar sua "base do herói" para uma missão, gastando de acordo com o orçamento.

DESAFIO EXTRA: será que sobra dinheiro para um item bônus no final?

3.Desafio da mesada do futuro

Objetivo: ensinar a dividir e planejar o dinheiro.

Como funciona:

Dê uma mesada fictícia e convide a criança a criar seu "plano financeiro do herói", que pode ser:

- Envelope do **poder (gastar agora).**
- Envelope do **escudo (guardar para o futuro).**
- Envelope da **bondade (doar).**

No final, o herói apresenta como escolheu usar os recursos para proteger e melhorar o mundo (metáfora para decisões financeiras responsáveis).

4. A saga do Reino das Finanças

Objetivo: ensinar escolhas financeiras por meio de história.

Como funciona:

Conte uma história épica: o Reino das Finanças está em crise e precisa da ajuda do conselheiro real (a criança). A cada capítulo, o jovem precisa decidir se vai:

- investir na reconstrução?;
- poupar para tempos difíceis?;
- ajudar os cidadãos necessitados?.

O final muda de acordo com as decisões do jogador!

5. Banco dos sonhos: o cofre da conquista

Objetivo: ensinar a poupar com propósito.

Como funciona:

A criança cria um **cartão dos sonhos** (desenha ou escreve o que quer conquistar). Depois monta um plano:

- de quanto precisa?
- quanto vai guardar por semana?
- quando espera alcançar?

Transforme o cofre em algo especial: decore como um baú do tesouro, uma nave espacial ou um castelo.

6. O preço certo: game show das compras

Objetivo: ensinar a comparar preços e fazer escolhas inteligentes.

Como funciona:

Monte um jogo no estilo quiz show! Apresente produtos e preços variados e desafie:

- Qual opção vale mais a pena?
- O que cabe no orçamento da missão de hoje?

Use sinos, plaquinhas ou apps para tornar o desafio mais divertido.

7. Loja mágica das moedas

Objetivo: ensinar o valor das notas e moedas e como dar troco.

Como funciona:

A criança abre a própria lojinha mágica. Um dia, ela é a dona (entrega o troco), no outro é a cliente (compra e calcula o valor).

Para aumentar o desafio: e se o cliente não tiver trocado? Como resolver?

8. Cofrinho do futuro: criatividade e planejamento

Objetivo: ensinar a importância de poupar e criar vínculo com o próprio dinheiro.

Como funciona:

A criança cria seu cofre usando sucata (caixa de cereal, garrafa, lata); dá um nome ao cofre (ex.: *"Meu Cofre do Skate"*) e cria um plano: o que e quanto vai guardar por semana e como vai acompanhar o progresso.

Desafio: colar uma tabela na parede ou no próprio cofre para marcar cada depósito.

CONCLUSÃO

A HERANÇA INVISÍVEL

Chegamos ao final de nossa jornada pelo universo das finanças familiares. Exploramos, ao longo dos capítulos, como as decisões financeiras moldam não apenas o presente, mas também o futuro de nossas famílias. Em *Dinheiro em família,* meu objetivo foi demonstrar que a verdadeira riqueza vai além do dinheiro. A herança invisível que passamos adiante não é feita apenas de bens materiais, mas também de conhecimentos, crenças, comportamentos e atitudes em relação ao dinheiro que cultivamos em nossos lares. São essas as heranças que, muitas vezes, duram mais do que qualquer valor em contas bancárias ou propriedades.

Neste livro, discutimos a importância de preparar a próxima geração para enfrentar as complexidades financeiras da vida adulta. Ao colocar em prática atividades que envolvem tanto os casais quanto os filhos, buscamos não só oferecer ferramentas para administrar as finanças com inteligência mas também para criar um ambiente de confiança e respeito mútuo em relação ao dinheiro. As dinâmicas financeiras que são estabelecidas em uma casa têm impactos profundos na maneira como as futuras gerações se relacionarão com as finanças. Cada ação, cada conversa, cada lição compartilhada entre pais e filhos é a construção de uma herança invisível que, ao longo do tempo, tornará mais fácil tomar decisões financeiras sábias e conscientes.

Uma das grandes propostas deste livro foi envolver ativamente os casais e os filhos nas discussões sobre o dinheiro, estimulando-os a compreender não apenas a matemática financeira, como também os aspectos emocionais e comportamentais ligados a ele. A relação que temos com o dinheiro é, em muitos casos, reflexo de nossas crenças mais profundas, muitas das quais foram formadas em nossa infância; por isso, ao falar sobre o futuro financeiro, é essencial que a comunicação, o entendimento e o alinhamento entre todos os membros da família sejam fortalecidos.

As atividades práticas propostas ao longo do livro foram pensadas para facilitar o diálogo e promover a ação. Não basta apenas refletir sobre os conceitos financeiros; é preciso colocar em prática os aprendizados de maneira ativa. A abordagem de metas financeiras conjuntas para o casal, o incentivo à educação financeira infantil e a promoção de hábitos saudáveis de consumo são passos que podem transformar o futuro de uma família. Quando todos na casa têm um papel ativo nas finanças e um entendimento claro do papel do dinheiro em suas vidas, a estrutura familiar se fortalece, criando um ambiente de crescimento, segurança e prosperidade.

Reflexões finais

Ao concluir este livro, é importante lembrar que as finanças não são apenas números. Elas têm um impacto profundo na qualidade de nossas relações, no bem-estar emocional e no legado que deixamos para as próximas gerações. O verdadeiro tesouro que podemos passar adiante não está apenas nas posses materiais, mas nas lições de responsabilidade, planejamento e integridade financeira que podemos ensinar a nossos filhos.

Criar uma base sólida para a vida financeira familiar exige compromisso, paciência e, acima de tudo, comunicação. Ao investir tempo e esforço no aprimoramento das finanças familiares, você está criando uma herança invisível que protegerá sua família contra dificuldades econômicas e promoverá uma vida financeira mais equilibrada, saudável e próspera.

Lembre-se de que, como em qualquer jornada, a transformação não acontece da noite para o dia. Ela exige pequenos passos constantes. Ao colocar em prática os ensinamentos deste livro, você estará construindo um legado que transcenderá gerações, criando uma história de prosperidade financeira e harmonia familiar.

A riqueza verdadeira é a que ultrapassa as barreiras do material e chega ao coração, à educação e à paz de espírito. A herança invisível é o maior presente que você pode deixar para seus filhos, e a melhor maneira de prepará-los para o futuro é começar a construir esse legado agora.

CAPÍTULO BÔNUS

DIAGNÓSTICOS FINANCEIROS DE FAMÍLIAS REAIS

Este capítulo traz uma análise prática e aplicada, embasada em casos reais de famílias que compartilharam suas histórias financeiras conosco, tanto pelas redes sociais quanto por meio dos Diagnósticos de Saúde Financeira (DSF®) realizados durante as mentorias.

O objetivo é oferecer uma visão concreta de como os princípios abordados ao longo do livro podem ser aplicados na vida real para gerar mudanças significativas nas finanças familiares.

Cada caso é apresentado de maneira anônima (com nomes alterados), com olhar atento para as particularidades de cada família: sua renda, seus gastos, dívidas, escolhas e objetivos.

Mais do que números, esses relatos revelam padrões, crenças e caminhos possíveis de transformação. Afinal, quando a história de uma família é ouvida com respeito, ela se torna inspiração para muitas outras.

CASO 1 – FAMÍLIA CASTRO (casados, dois filhos pequenos)

Campinas/SP

Nota de bem-estar financeiro: 44/100 (ruim)

Perfil familiar

- Daniel, 42 anos, gerente comercial em uma multinacional, CLT, renda fixa com bônus anual.
- Juliana, 40 anos, arquiteta autônoma, renda variável, atua em projetos residenciais de alto padrão.
- Lucas, 9 anos, estudante em escola bilíngue.
- Clara, 7 anos, estudante na mesma escola.

Moram em bairro nobre, têm padrão de vida elevado, mas vivem no limite da renda em decorrência do alto custo fixo, da falta de controle orçamentário e do uso excessivo do crédito. Nunca conseguiram manter uma reserva sólida. O estilo de vida é valorizado socialmente, mas pressiona o orçamento familiar.

Renda familiar mensal

- Daniel (fixa CLT + médias de bônus diluídas): R$ 13.000
- Juliana (média de projetos mensais): R$ 8.000
- Total médio mensal: R$ 21.000

Despesas detalhadas

- Moradia – R$ 6.350
  - Prestação do financiamento (apartamento próprio): R$ 3.800
  - Condomínio: R$ 950
  - IPTU (mensalizado): R$ 400
  - Luz: R$ 550
  - Água e esgoto: R$ 250
  - Internet e TV por assinatura: R$ 400
- Alimentação – R$ 2.200
  - Supermercado (mensal): R$ 1.500
  - Feira e padaria: R$ 300
  - Delivery e restaurantes: R$ 400
- Transporte – R$ 2.100
  - Financiamento da SUV (Juliana): R$ 1.200
  - Combustível dos dois carros: R$ 600
  - Manutenção, IPVA (mensalizado) e seguro: R$ 300
- Educação – R$ 3.100
  - Escola bilíngue do Lucas: R$ 1.700
  - Escola bilíngue da Clara: R$ 1.300
  - Material escolar e transporte: R$ 100
- Saúde – R$ 1.200
  - Plano de saúde familiar: R$ 950
  - Medicamentos, terapias e consultas: R$ 250
- Dívidas e crédito – R$ 4.400
  - Cartões de crédito (parcelamentos e rotativo): R$ 2.500
  - Empréstimo pessoal (Juliana): R$ 1.900

- Lazer, roupas e bem-estar – R$ 1.100
  - Streaming, academias, salão, roupas e presentes: R$ 1.100
- Trabalho e extras – R$ 500
  - Software e marketing da Juliana (profissional liberal): R$ 300
  - Estacionamento e refeições do Daniel: R$ 200

Total de despesas mensais: R$ 20.950
Saldo médio mensal: R$ 50 positivo, sem margem para imprevistos.

Diagnóstico financeiro

- **Endividamento (peso 3):** elevado, comprometimento de 16% da renda líquida com dívidas.
- **Renda × gastos (peso 3):** estão no limite da renda, sem margem de poupança.
- **Objetivos financeiros (peso 1):** não existe clareza nem plano para os próximos cinco anos.
- **Autoconfiança financeira (peso 1):** Juliana se sente culpada por oscilações na renda.
- **Estresse financeiro (peso 1):** Daniel sente sobrecarga e tensão constante com as contas.

Plano de ação com prazos

- Imediato (0 a 30 dias)
  - Revisar gastos com cartão e negociar parcelamentos fixos.
  - Suspender pedidos de delivery por 30 dias e reduzir restaurantes a uma vez por mês.
  - Criar uma planilha compartilhada com categorias de despesas e metas.
- Curto prazo (1 a 3 meses)
  - Reduzir uso dos dois carros (analisar transporte escolar compartilhado).
  - Refinanciar empréstimo de Juliana para reduzir parcela mensal.
  - Definir um valor fixo de reserva para emergências (R$ 800/mês).
- Médio prazo (3 a 6 meses)
  - Estabilizar a renda de Juliana com parcerias ou serviços recorrentes.
  - Criar fundo para férias e lazer sem uso de crédito.
  - Planejar mudança de escola ou renegociação de mensalidades.

- Longo prazo (6 a 12 meses)
  - Quitar todas as dívidas de cartão e empréstimos.
  - Construir uma reserva de R$ 15.000.
  - Reavaliar o imóvel atual: possível venda e compra de algo mais enxuto.

CASO 2 – FAMÍLIA FERNANDES (casados, dois filhos adolescentes)

Porto Alegre/RS

Nota de bem-estar financeiro: 39/100 (crítico)

Perfil familiar

- Marcelo, 45 anos, médico anestesista em hospital privado, renda alta, porém instável por causa dos plantões variáveis.
- Renata, 42 anos, publicitária com agência própria, negócios afetados por sazonalidade de contratos.
- Pedro, 16 anos, estudante de ensino médio em escola particular tradicional.
- Rafaela, 13 anos, estudante na mesma escola.

Vivem em casa ampla em bairro nobre, com alto padrão de consumo, viagens e lazer. A instabilidade de receita e a falta de organização financeira criaram um ciclo de dívidas recorrentes. A família possui bens, mas não liquidez. O estilo de vida acima da média é sustentado com crédito.

Renda familiar mensal

- Marcelo (média mensal com plantões): R$ 14.000
- Renata (média da agência de marketing): R$ 6.500
- Total médio mensal: R$ 20.500

Despesas detalhadas

- Moradia – R$ 7.300
  - Prestação da casa financiada: R$ 4.500
  - IPTU (mensalizado): R$ 700
  - Energia elétrica: R$ 750
  - Água e gás: R$ 400
  - Internet e serviços digitais: R$ 350
  - Jardineiro e diarista (2 vezes/semana): R$ 600

- Alimentação – R$ 2.800
  - Supermercado: R$ 2.000
  - Padaria, feira e conveniência: R$ 400
  - Delivery e restaurantes: R$ 400
- Transporte – R$ 2.700
  - Financiamento do carro (SUV): R$ 1.800
  - Combustível: R$ 600
  - Seguro, IPVA (mensalizado) e manutenção: R$ 300
- Educação – R$ 3.000
  - Escola do Pedro: R$ 1.600
  - Escola da Rafaela: R$ 1.200
  - Transporte escolar e extras: R$ 200
- Saúde – R$ 1.650
  - Plano de saúde familiar: R$ 1.200
  - Terapia da Renata e ortodontia da Rafaela: R$ 450
- Dívidas e crédito – R$ 3.800
  - Parcelamento de cartão de crédito: R$ 2.300
  - Empréstimo bancário: R$ 1.500
- Lazer, compras e viagens – R$ 2.300
  - Assinaturas, academia, salão de beleza, roupas, presentes: R$ 1.000
  - Viagem parcelada para a Europa: R$ 1.300
- Despesas profissionais – R$ 1.000
  - Marketing, softwares e suporte da agência: R$ 800
  - Associações médicas e congressos: R$ 200

Total de despesas mensais: R$ 24.550
Déficit mensal: R$ 4.050

Diagnóstico financeiro

- **Endividamento (peso 3):** elevado e crescente, com uso de crédito rotativo.
- **Renda × gastos (peso 3):** gastam bem acima da renda; padrão de vida insustentável.
- **Objetivos financeiros (peso 1):** nenhum objetivo ativo, vivem no modo de sobrevivência.
- **Autoconfiança financeira (peso 1):** Renata se sente desmotivada, e Marcelo evita falar de dinheiro.

- **Estresse financeiro (peso 1):** muito alto, com brigas frequentes e sentimento de impotência.

Plano de ação com prazos

- Imediato (0 a 30 dias)
  - Cortar despesas variáveis: suspender delivery e reduzir compras não essenciais.
  - Vender o carro atual e trocar por modelo à vista ou quitar financiamento com o valor.
  - Reunir todas as dívidas e buscar unificação com taxa menor.
- Curto prazo (1 a 3 meses)
  - Criar planilha de fluxo de caixa com previsão de receitas variáveis.
  - Renata deve buscar contratos fixos para previsibilidade na agência.
  - Marcelo pode aumentar o número de plantões por três meses para equilibrar o caixa.
- Médio prazo (3 a 6 meses)
  - Suspender viagem do segundo semestre.
  - Criar fundo de emergência de R$ 10.000 com sobras de caixa ou venda de itens.
  - Buscar consultoria para reorganizar as finanças da empresa de Renata.
- Longo prazo (6 a 12 meses)
  - Reduzir o padrão de moradia ou renegociar financiamento.
  - Criar plano de aposentadoria complementar (Marcelo não tem INSS).
  - Estabelecer metas financeiras familiares: educação dos filhos, fundo de liberdade financeira.

CASO 3 – FAMÍLIA LIMA (casados, dois filhos pequenos)

Belo Horizonte/MG

Nota de bem-estar financeiro: 45/100 (crítico)

Perfil familiar

- Ricardo, 38 anos, advogado especialista em Direito Corporativo, com boa carteira de clientes, mas com fluxo de caixa irregular.
- Carla, 35 anos, gerente de marketing em uma multinacional, trabalha com altos bônus anuais, mas a renda fixa é inferior ao esperado.
- Lucas, 9 anos, estudante em escola privada.
- Isabela, 7 anos, estudante na mesma instituição.

Vivem em um apartamento de alto padrão no centro da cidade. Têm o costume de gastar com conforto, viagens e atividades de lazer. Ambos enfrentam dificuldades em equilibrar o gasto com a instabilidade de suas receitas. Ricardo está sobrecarregado com dívidas antigas, e Carla não tem controle total sobre o orçamento familiar.

Renda familiar mensal

- Ricardo (média mensal da advocacia): R$ 14.000
- Carla (salário fixo + bônus anuais): R$ 8.000
- Total médio mensal: R$ 22.000

Despesas detalhadas

- Moradia – R$ 7.000
  - Prestação do financiamento do apartamento: R$ 4.200
  - IPTU (mensalizado): R$ 800
  - Energia elétrica: R$ 500
  - Água e gás: R$ 400
  - Internet e TV a cabo: R$ 600
  - Diarista (3 vezes/semana): R$ 500
- Alimentação – R$ 2.500
  - Supermercado: R$ 2.000
  - Refeições e delivery: R$ 500
- Transporte – R$ 2.100
  - Financiamento do carro (sedan): R$ 1.500
  - Combustível: R$ 400
  - Seguro, IPVA (mensalizado) e manutenção: R$ 200
- Educação – R$ 3.600
  - Escola do Lucas: R$ 1.800
  - Escola da Isabela: R$ 1.200
  - Material escolar, uniforme e extras: R$ 600
- Saúde – R$ 1.800
  - Plano de saúde familiar: R$ 1.400
  - Consultas particulares (Ricardo e Carla): R$ 400
- Dívidas e crédito – R$ 3.200
  - Cartão de crédito (parcelamento): R$ 2.200
  - Empréstimo pessoal: R$ 1.000
- Lazer, compras e viagens – R$ 2.700

- Assinaturas, academia, roupas, salão de beleza: R$ 1.000
- Viagens e lazer (despesas recorrentes): R$ 1.700

- Despesas profissionais – R$ 1.000
  - Cursos e eventos da Carla: R$ 400
  - Marketing pessoal e escritório de Ricardo: R$ 600

Total de despesas mensais: R$ 23.900
Déficit mensal: R$ 1.900

Diagnóstico financeiro

- **Endividamento (peso 3):** elevado, com parcelamento de cartão de crédito e empréstimos.
- **Renda × gastos (peso 3):** gasto além da capacidade de renda mensal.
- **Objetivos financeiros (peso 1):** não há objetivos claros e não se percebe um esforço consistente para mudança.
- **Autoconfiança financeira (peso 1):** Carla sente insegurança em relação ao futuro financeiro da família, ao passo que Ricardo evita confrontar a realidade financeira.
- **Estresse financeiro (peso 1):** relacionamento afetado pela falta de controle e previsibilidade das finanças.

Plano de ação com prazos

- Imediato (0 a 30 dias)
  - Cortar imediatamente viagens e lazer, remanejando as finanças para o pagamento das dívidas.
  - Organizar uma reunião entre Ricardo e Carla para alinhar as prioridades e reestabelecer a comunicação sobre dinheiro.
  - Renegociar as dívidas com o banco, buscando taxas menores e unificação dos débitos.
- Curto prazo (1 a 3 meses)
  - Criar uma planilha de controle de despesas e revisar todas as assinaturas e gastos não essenciais.
  - Avaliar a possibilidade de vender o carro atual e buscar um modelo mais econômico ou quitar o financiamento.
  - Carla deve estabelecer uma meta de economia, visando aumentar a reserva de emergência.
- Médio prazo (3 a 6 meses)

- Priorizar a quitação das dívidas de cartão de crédito e empréstimo pessoal.
- Investir na formação de um fundo de emergência de R$ 12.000 até o final do ano.
- Buscar alternativas de renda extra ou aumentar a carteira de clientes de Ricardo.

■ Longo prazo (6 a 12 meses)

- Refinanciar ou liquidar o imóvel (caso necessário), buscando uma casa menor ou com aluguel mais barato.
- Planejar a aposentadoria com investimentos de longo prazo, estabelecendo metas anuais para o futuro financeiro.
- Desenvolver um planejamento de educação financeira para os filhos, começando a disciplina de poupança desde cedo.

CASO 4 – FAMÍLIA SOUZA (casados, dois filhos adolescentes)

São Paulo/SP

Nota de bem-estar financeiro: 30/100 (crítico)

Perfil familiar

- Marcelo, 42 anos, empresário no ramo de consultoria e treinamento corporativo, com grande carteira de clientes, mas com fluxo de caixa irregular e dificuldades para controlar as finanças do seu negócio.
- Larissa, 38 anos, executiva de marketing digital, com um bom salário, mas com dívidas pessoais substanciais.
- João, 15 anos, estudante em uma escola internacional.
- Isabel, 14 anos, estudante em escola privada de alto nível.

A família vive em um imóvel de luxo, mas está com sérios problemas financeiros por causa da combinação de gastos excessivos, dívidas pessoais e dificuldades no controle do orçamento. Apesar de terem renda alta, os gastos descontrolados e as dívidas acumuladas tornaram a situação crítica. Marcelo e Larissa não têm um plano financeiro claro e não conseguem equilibrar o fluxo de caixa familiar com as obrigações financeiras.

Renda familiar mensal

- Marcelo (rendimento variável do negócio): R$ 35.000

- Larissa (salário fixo): R$ 20.000
- Total médio mensal: R$ 55.000

Despesas detalhadas

- Moradia – R$ 16.000
  - Prestação do financiamento do imóvel de luxo: R$ 10.000
  - IPTU (mensalizado): R$ 2.500
  - Energia elétrica: R$ 1.000
  - Água e gás: R$ 600
  - Internet e TV a cabo: R$ 600
  - Diarista (5 vezes/semana): R$ 1.000
- Alimentação – R$ 5.000
  - Supermercado (compras de alto padrão): R$ 3.000
  - Refeições e delivery gourmet: R$ 2.000
- Transporte – R$ 6.000
  - Financiamento de dois carros de luxo (sedan e SUV): R$ 4.500
  - Combustível: R$ 800
  - Seguro, IPVA e manutenção (mensalizados): R$ 700
- Educação – R$ 7.200
  - Escola do João (internacional): R$ 4.500
  - Escola da Isabel (privada de alto padrão): R$ 2.500
  - Material escolar, uniforme e extras: R$ 200
- Saúde – R$ 4.000
  - Plano de saúde premium familiar: R$ 2.500
  - Consultas particulares e tratamentos estéticos: R$ 1.500
- Dívidas e crédito – R$ 14.500
  - Cartão de crédito (parcelamento de dívidas): R$ 7.500
  - Empréstimo pessoal (Larissa): R$ 3.000
  - Empréstimo pessoal (Marcelo, para capital de giro): R$ 2.000
  - Crédito consignado (Larissa): R$ 2.000
- Lazer, compras e viagens – R$ 5.000
  - Viagens internacionais (em média 3 vezes por ano): R$ 3.000
  - Compras de roupas, artigos de luxo e lazer (sem controle): R$ 2.000
- Despesas profissionais – R$ 2.000
  - Cursos e especializações (Larissa): R$ 1.000
  - Marketing pessoal e escritório de Marcelo (consultoria externa): R$ 1.000

Total de despesas mensais: R$ 59.400
Déficit mensal: R$ 4.400

Diagnóstico financeiro

- **Endividamento (peso 3):** muito elevado, com dívidas em diversos tipos de crédito, incluindo cartão de crédito e empréstimos pessoais.
- **Renda × gastos (peso 3):** despesas superando a renda, com déficit mensal significativo.
- **Objetivos financeiros (peso 1):** não há objetivos financeiros bem definidos e não existe um plano para reverter a situação atual.
- **Autoconfiança financeira (peso 1):** Marcelo acredita que sua empresa eventualmente vai gerar mais fluxo de caixa, mas ele não tem um plano sólido de gestão financeira. Larissa, por outro lado, está muito preocupada, mas sem estratégias claras para resolver as dívidas.
- **Estresse financeiro (peso 1):** altíssimo estresse gerado pelas dívidas e pela falta de controle financeiro, afetando diretamente a qualidade de vida e o relacionamento familiar.

Plano de ação com prazos

- Imediato (0 a 30 dias)
  - Parar imediatamente as viagens e as compras de luxo. Evitar novos parcelamentos no cartão de crédito.
  - Reunir-se com consultor financeiro para revisar as dívidas e buscar alternativas de renegociação ou unificação.
  - Controlar gastos com alimentação e transporte, reduzindo despesas desnecessárias.
- Curto prazo (1 a 3 meses)
  - Criar um orçamento detalhado para o dia a dia e monitorar todos os gastos mensalmente.
  - Tentar vender os carros de luxo e optar por veículos mais acessíveis ou até mesmo financiar os veículos de forma mais estratégica.
  - Priorizar o pagamento das dívidas de maior taxa de juros, como as do cartão de crédito e empréstimos pessoais.
  - Larissa deve reduzir os cursos e investir em educação mais acessível ou focada na prática.
- Médio prazo (3 a 6 meses)

- Estabelecer uma meta para economizar e quitar as dívidas em até um ano. Idealmente, eliminar as dívidas de cartões de crédito até o sexto mês.
- Buscar alternativas de renda extra ou revisão do negócio de Marcelo, considerando a possibilidade de diversificação e fontes de receita mais estáveis.
- Criar uma reserva de emergência de pelo menos R$ 15.000 até o final do ano.

- Longo prazo (6 a 12 meses)
  - Reavaliar o patrimônio da família e considerar uma mudança para uma casa menor ou mais simples, reduzindo os custos com a moradia.
  - Planejar a aposentadoria de maneira consistente, incluindo investimentos de longo prazo para garantir a segurança financeira.
  - Envolver os filhos no processo de educação financeira, ensinando sobre poupança e consumo responsável desde cedo.

CASO 5 – FAMÍLIA LEMOS (casados, dois filhos adultos, dois netos pequenos)

Rio de Janeiro/RJ

Nota de bem-estar financeiro: 45/100 (crítico)

Perfil familiar

- Carlos, 68 anos, médico cardiologista aposentado, mas ainda ativo em consultorias e atendimentos particulares, com renda variável substancial.
- Marta, 64 anos, ex-professora universitária e hoje consultora educacional, com trabalho em meio período, mas também com uma renda variável.
- João, 36 anos, filho adulto, divorciado, vive com os pais e trabalha em uma grande empresa, mas tem dificuldades financeiras pessoais e depende dos pais.
- Ana, 32 anos, filha adulta, solteira, trabalha como designer freelancer, mora com os pais e tem uma situação financeira instável.
- Lucas e Mariana, netos de 6 e 4 anos, filhos de João, frequentam escola privada de alto nível, e os avós ajudam com custos extras de educação e lazer.

Apesar de uma renda consolidada e bem posicionada, a família Souza enfrenta um grande desafio financeiro. Os filhos adultos, que dependem do apoio financeiro dos pais, aumentam as despesas mensais, assim como os custos elevados com a educação e o lazer dos netos. A falta de planejamento adequado, com gastos elevados e sem uma reserva de emergência robusta, coloca a família em uma situação delicada.

Renda familiar mensal

- Carlos (consultorias médicas): R$ 35.000
- Marta (consultoria educacional): R$ 15.000
- Total médio mensal: R$ 50.000

Despesas detalhadas

- Moradia – R$ 18.000
    - Prestação do imóvel de luxo (casa de praia + apartamento na cidade): R$ 12.000
    - IPTU (mensalizado, 2 imóveis): R$ 3.500
    - Energia elétrica: R$ 1.500
    - Água e gás: R$ 800
    - Internet e TV a cabo: R$ 700
    - Diarista (3 vezes/semana): R$ 1.000
- Alimentação – R$ 6.000
    - Supermercado (compras de alto padrão): R$ 4.000
    - Refeições fora de casa e delivery: R$ 2.000
- Transporte – R$ 4.500
    - Financiamento de dois carros de luxo (um para Carlos e outro para Marta): R$ 3.000
    - Combustível: R$ 600
    - Seguro, IPVA e manutenção (mensalizados): R$ 900
- Educação – R$ 9.000
    - Escola privada para os netos (Lucas e Mariana): R$ 5.000
    - Curso de inglês e atividades extracurriculares (para os netos): R$ 2.500
    - Material escolar e despesas adicionais: R$ 1.500
- Saúde – R$ 5.000
    - Plano de saúde premium familiar (para todos os membros da família, incluindo filhos e netos): R$ 3.000

    - Medicamentos e consultas particulares (Carlos e Marta): R$ 2.000
- Dívidas e crédito – R$ 7.000
    - Empréstimos pessoais para cobrir gastos com os filhos (João e Ana): R$ 3.000
    - Cartão de crédito (parcelamento de gastos com luxo e viagens): R$ 4.000
- Lazer, compras e viagens – R$ 7.000
    - Viagens internacionais e turismo (para a família inteira): R$ 4.000
    - Compras de roupas e artigos de luxo: R$ 2.000
    - Atividades de lazer e entretenimento (cinema, jantares etc.): R$ 1.000
- Despesas profissionais – R$ 2.500
    - Cursos de atualização para Carlos (médico): R$ 1.500
    - Consultoria educacional e eventos de Marta: R$ 1.000

Total de despesas mensais: R$ 60.500
Déficit mensal: R$ 10.500
Diagnóstico financeiro

- **Endividamento (peso 3):** as dívidas estão concentradas em empréstimos pessoais para os filhos, além de parcelas de cartão de crédito, o que contribui para um cenário insustentável.
- **Renda × gastos (peso 3):** as despesas superam a renda de forma significativa, gerando um déficit mensal elevado.
- **Objetivos financeiros (peso 1):** a família não tem um planejamento financeiro estruturado, e os objetivos ficam mais centrados no auxílio aos filhos e netos do que na segurança financeira pessoal.
- **Autoconfiança financeira (peso 1):** Carlos e Marta se sentem seguros com a sua renda atual, mas estão despreparados para uma eventual mudança no estilo de vida ou imprevistos.
- **Estresse financeiro (peso 1):** alto estresse gerado pelo déficit mensal e pela constante ajuda financeira aos filhos adultos e netos, afetando a tranquilidade da família.

Plano de ação com prazos

- Imediato (0 a 30 dias)
    - Suspender qualquer gasto não essencial, como viagens, jantares luxuosos e compras excessivas de luxo.

- Reavaliar os empréstimos pessoais, focando um plano para quitá-los de maneira mais agressiva, priorizando as dívidas mais caras.
- Organizar uma reunião com os filhos para discutir a necessidade de contribuir mais ativamente para as despesas da casa e reduzir a dependência financeira dos pais.

- Curto prazo (1 a 3 meses)
  - Definir um orçamento familiar, priorizando o pagamento de dívidas e a criação de uma reserva de emergência mínima de R$ 50.000.
  - Considerar a venda de um dos imóveis para reduzir o custo de moradia, aliviando o déficit financeiro.
  - Negociar as mensalidades da escola dos netos, procurando alternativas mais acessíveis sem comprometer a educação deles.
- Médio prazo (3 a 6 meses)
  - Estabelecer uma meta de quitação de dívidas em doze meses e começar a pagar as dívidas de forma organizada.
  - Buscar formas de aumentar a renda, talvez com investimentos financeiros mais consistentes ou exploração de outras áreas do trabalho de Carlos e Marta.
  - Incentivar os filhos a buscar fontes de renda mais estáveis para diminuir a sobrecarga financeira sobre os pais.
- Longo prazo (6 a 12 meses)
  - Criar uma estratégia de aposentadoria que considere a redução de custos e a geração de rendimentos passivos.
  - Planejar uma redução dos gastos com moradia e lazer, mantendo o foco na saúde financeira da família.
  - Começar a educar os netos sobre finanças, preparando-os para o futuro e ajudando a controlar as despesas relacionadas a eles.

CASO 6 – FAMÍLIA NAVARRO (divorciados, duas filhas adolescentes)

São Paulo/SP

Nota de bem-estar financeiro: 50/100 (crítico)

Perfil familiar

- Eduardo, 47 anos, empresário bem-sucedido no setor de tecnologia, com renda mensal de R$ 65.000. Embora tenha uma boa renda, enfrenta sérios desafios financeiros em razão de gastos excessivos com sua ex-esposa e suas filhas. Eduardo está em processo de reorganização financeira, mas se vê sem controle sobre as finanças da família.

- Fernanda, 37 anos, ex-esposa de Eduardo, cursando faculdade de nutrição e sem renda estável. Ela depende financeiramente de Eduardo, apesar de não ter necessidade de uma ajuda tão alta. Não sabe dizer "não" para suas filhas ou para Eduardo, o que contribui para os altos gastos da família.
- Luísa, 17 anos, filha mais velha, estudante do ensino médio, com grande vontade de viajar e ter experiências luxuosas. Usufrui de um cartão de crédito dado pelo pai e tem uma mentalidade consumista.
- Clara, 14 anos, filha caçula, estudante do ensino fundamental, com interesses em moda e marcas de luxo. Recebe o mesmo tratamento e acesso ao crédito da irmã, o que aumenta ainda mais as despesas.

Eduardo, mesmo com uma renda significativa, tem dificuldades em controlar os gastos das mulheres da sua vida. Sua ex-esposa, que ainda depende financeiramente dele, e suas filhas, com desejos cada vez mais elevados, exigem um nível de suporte que está comprometendo sua saúde financeira. A viagem para a Disney para comemorar os 15 anos de Luísa foi o ponto crítico, quando Eduardo contraiu um empréstimo de R$ 200.000 para bancar a viagem.

Renda familiar mensal
- Eduardo (empresário): R$ 65.000
- Total familiar médio mensal: R$ 65.000

Despesas detalhadas
- Moradia – R$ 10.000
  - Prestação do imóvel (casa de alto padrão): R$ 7.000
  - IPTU e condomínio: R$ 2.000
  - Energia elétrica e água: R$ 800
  - Internet e TV a cabo: R$ 200
- Alimentação – R$ 5.500
  - Supermercado (alimentação para quatro pessoas, com itens caros): R$ 3.500
  - Refeições fora de casa e delivery: R$ 2.000
- Transporte – R$ 6.000
  - Financiamento de carro de luxo para Eduardo: R$ 3.500

- Financiamento de carro de luxo para Fernanda (ex-esposa): R$ 2.500
- Combustível e manutenção: R$ 500

- Educação – R$ 8.000
  - Mensalidade da escola particular de Luísa e Clara: R$ 5.000
  - Atividades extracurriculares e cursos particulares: R$ 3.000
- Cartões de crédito – R$ 15.000
  - Cartão de crédito de Eduardo (gastos pessoais): R$ 5.000
  - Cartões de crédito de Fernanda, Luísa e Clara (gastos pessoais e luxuosos): R$ 10.000
- Viagens e lazer – R$ 12.000
  - Viagem para a Disney (parcelada, incluindo empréstimo de R$ 200.000): R$ 10.000
  - Passeios, jantares e entretenimento em família: R$ 2.000
- Dívidas e empréstimos – R$ 23.000
  - Empréstimos pessoais para viagem e despesas do dia a dia: R$ 10.000
  - Empréstimo de R$ 200.000 contraído para a viagem da Disney (parcelamento mensal): R$ 10.000
  - Parcelamento de cartão de crédito (por conta de gastos excessivos): R$ 3.000

Total de despesas mensais: R$ 80.000
Déficit mensal: R$ 15.000

Diagnóstico financeiro

- **Endividamento (peso 3):** o endividamento da família é muito alto, com empréstimo significativo de R$ 200.000 para a viagem à Disney e o parcelamento de vários cartões de crédito. A falta de um controle rigoroso das finanças e a constante cobrança por luxos e viagens aumentam o débito mensal.
- **Renda × gastos (peso 3):** a renda de Eduardo, embora alta, não está sendo suficiente para cobrir os gastos mensais da família. Ele está contraindo dívidas para manter um estilo de vida que não é sustentável a longo prazo.
- **Objetivos financeiros (peso 1):** Eduardo não tem um planejamento financeiro claro. Seus objetivos parecem mais voltados para atender às necessidades das filhas e da ex-esposa do que para garantir sua estabilidade financeira pessoal.

- **Autoconfiança financeira (peso 1):** Eduardo se sente pressionado a sustentar a família, mas sua confiança na gestão financeira é baixa. Ele sente que não consegue dizer "não" às exigências de sua ex-esposa e de suas filhas.
- **Estresse financeiro (peso 1):** o estresse financeiro é elevado, tanto pela pressão de sustentar um padrão de vida elevado quanto pelas dívidas crescentes. O empréstimo para a viagem à Disney foi um fator que piorou a situação.

Plano de ação com prazos

- Imediato (0 a 30 dias)
    - Congelar qualquer gasto não essencial, como viagens e compras luxuosas.
    - Renegociar o empréstimo de R$ 200.000, tentando diminuir a parcela mensal ou aumentar o prazo de pagamento.
    - Realizar uma reunião com Fernanda, Luísa e Clara para discutir a necessidade de rever o estilo de vida e os gastos, com foco em reduzir as despesas mensais.
- Curto prazo (1 a 3 meses)
    - Reavaliar os cartões de crédito, com o objetivo de eliminar o parcelamento e reduzir o uso de crédito por Fernanda e as filhas.
    - Ajustar as despesas com a educação das filhas, buscando alternativas menos caras sem comprometer a qualidade.
    - Aumentar a reserva de emergência e começar a investir parte da renda mensal para gerar retornos passivos.
- Médio prazo (3 a 6 meses)
    - Criar um orçamento rígido para controlar melhor os gastos mensais, sobretudo com moradia, alimentação e transporte.
    - Educar Luísa e Clara sobre finanças pessoais e a importância de controlar o uso do cartão de crédito.
    - Definir metas financeiras a longo prazo para Eduardo, com foco na quitação das dívidas e no fortalecimento da aposentadoria.
- Longo prazo (6 a 12 meses)
    - Estabelecer um plano de redução de dívidas agressivo, com foco nas dívidas mais caras.
    - Avaliar a possibilidade de criar uma fonte de renda extra, seja por meio de novos negócios, seja por meio de investimentos.

- Planejar a independência financeira de Fernanda, incentivando-a a buscar uma forma de gerar a própria renda e reduzir a dependência de Eduardo.

BIBLIOGRAFIA

INTRODUÇÃO:
QUANDO O DINHEIRO ENCONTRA O AMOR: A MISSÃO DA FAMÍLIA

ACKERMAN, B. P. *et al.* Family instability and the problem behaviors of children from economically disadvantaged families. **Developmental Psychology**, [*s. l.*], v. 35, n. 1, p. 258-268, 1999.

BROWN, B. **A coragem para liderar**: Trabalho duro, conversas difíceis, corações plenos. Rio de Janeiro: BestSeller, 2019.

CONGER, R. D.; CONGER, K. J.; MARTIN, M. J. Socioeconomic status, family processes, and individual development. **Journal of Marriage and Family,** Saint Paul, v. 72, n. 3, p. 685-704, 2010.

GOTTMAN, J. M.; KATZ, L. F. Effects of marital discord on young children's peer interaction and health. **Developmental Psychology**, [*s. l.*], v. 25, n. 3, p. 373-381, 1989.

JUNG, C. G. **The Red Book**. California: W. W. Norton & Company, 2009.

SANTIAGO, C. D.; WADSWORTH, M. E.; STUMP, J. Socioeconomic status, neighborhood disadvantage, and poverty-related stress: Prospective effects on psychological syndromes among diverse low-income families. **Journal of Economic Psychology**, [*s. l.*], v. 32, n. 2, p. 218-230, 2011.

PARTE 1:
DINHEIRO NO CASAMENTO: CONSTRUINDO UMA BASE FINANCEIRA SÓLIDA

DEW, J.; BRITT, S.; HUSTON, S. Examining the relationship between financial issues and divorce. **Family Relations**, Saint Paul, v. 61, n. 4, p. 615-628, 2012.

SURVEY: Certified Divorce Financial Analyst® (CDFA®) professionals Reveal the Leading Causes of Divorce. **Institute for Divorce Financial Analysts**, [201-]. Disponível em: https://institutedfa.com/leading-causes-divorce/. Acesso em: 4 ago. 2025.

CAPÍTULO 1: Sedentarismo financeiro: por que adiar custa caro?

DEW, J.; BRITT, S.; HUSTON, S. Examining the relationship between financial issues and divorce. **Family Relations**, Saint Paul,v. 61, n. 4, p. 615-628, 2012.

HILGERT, M. A.; HOGARTH, J. M.; BEVERLY, S. G. Household financial management: The connection between knowledge and behavior. **Federal Reserve Bulletin**, Washington, DC, v. 89, n. 7, p. 309-322, 2003.

MANDELL, L.; KLEIN, L. S. The impact of financial literacy education on subsequent financial behavior. **Journal of Financial Counseling and Planning**, Nova York, v. 20, n. 1, p. 15-24, 2009.

MEIER, S.; SPRENGER, C. Present-biased preferences and credit card borrowing. **American Economic Journal: Applied Economics**, Nashville, v. 2, n. 1, p. 193-210, 2010.

CAPÍTULO 2: Alinhando expectativas: o casal e o dinheiro

DONNELLY, E. *et al.* Couples underestimate the benefits of talking about money. **CEPR**, 2023. Disponível em: https://cepr.org/system/files/2023-07/Couples%20Underestimate%20the%20Benefits%20of%20Talking%20About%20Money%20-%20E.%20Donnelly%20Ximena%20Garcia-Rada%20Jenny%20G.%20Olson%20Hristina%20Nikolova%20Michael%20I.%20Norton_0.pdf. Acesso em: 4 ago. 2025.

LOVE & Money: most couples give themselves high marks in communication, yet study reveals hidden disconnects. **Fidelity Investment**, 1 fev. 2024. Disponível em: https://newsroom.fidelity.com/pressreleases/love---money--most-couples-give-themselves-high-marks-in-communication--yet-fidelity-study-reveals-h/s/c15df94d-f289-4d2d-bb10-85424c803f8e. Acesso em: 4 ago. 2025.

SUTTIE, J. Are joint bank accounts good for your marriage? **Greater Good Science Center**, 16 mar. 2023. Disponível em: https://greatergood.berkeley.edu/article/item/are_joint_bank_accounts_good_for_your_marriage. Acesso em: 4 ago. 2025.

CAPÍTULO 3: Metas em dupla: planejando sonhos financeiros juntos

BLASI, W. Should couples share bank accounts? Here's how many Americans say it's a bad idea. **MarketWatch**, 18 jul. 2024. Disponível em: https://www.marketwatch.com/story/should-couples-share-bank-accounts-heres-how-many-americans-say-its-a-bad-idea-8feoae5d. Acesso em: 4 ago. 2025.

GLADSTONE, J.; GARBINSKY, E. N.; MOGILNER, C. (2022). Pooling finances and relationship satisfaction. **Journal of Personality and Social Psychology**, [s. l.], v. 123, n. 6, p. 1293–1314, 2022. Disponível em: https://www.apa.org/pubs/journals/psp. Acesso em: 4 ago. 2025.

STANLEY, M. **Making financial decisions as a couple**. 2023. Disponível em: https://advisor.morganstanley.com/franklin-avenue-wealth-management/documents/.../MAKING_DECISIONS_AS_COUPLE_MS_FINAL.pdf.

CAPÍTULO 4: Evitando conflitos financeiros no relacionamento

CAMACHO-THOMPSON, D. E. *et al.* Financial strain, major family life events, and parental academic involvement during adolescence. **Journal of Youth and Adolescence**, [*s. l.*], v. 45, n. 6, p. 1065-1074, 2016.

LE, Y., MOGLE, J. A., & FEINBERG, M. E. Trajectories of parent and child well-being across the pandemic year: Role of financial strain, social distancing, and COVID-19 prevalence. Family process, [s. l.], v. 62, n. 3, p. 1134–1146, 2023. Disponível em: https://onlinelibrary.wiley.com/doi/10.1111/famp.12823. Acesso em: 4 ago. 2025.

ROSS, D. B. *et al.* The impact of family economic strain on work-family conflict, marital support, marital quality, and marital stability during the middle years. **Journal of Personal Finance**, Middletown, v. 18, n. 2, p. 9-24, 2019.

CAPÍTULO 5: Dinheiro e emoções: como o passado afeta o presente

DOHMEN, T. *et al.* The intergenerational transmission of risk and trust attitudes. **The Review of Economic Studies**, Londres, v. 79, n. 2, p. 645-677, 2012.

GILL, A.; BHATTACHARYA, R. Don't do as I do, do as I say? Evidence on the inter-generational transmission of financial attitudes. **Eastern Economic Journal**, Nova York, v. 44, p. 177-189, 2018.

GODOY, T. **Emoções financeiras**: um guia para transformar a sua relação com o dinheiro em liberdade. São Paulo: Gente, 2023.

RAVISHANKAR, R. A. Why are we so emotional about money? **Harvard Business Review**, 16 ago. 2021. Disponível em: https://hbr.org/2021/08/why-are-we-so-emotional-about-money. Acesso em: 4 ago. 2025.

CAPÍTULO 6: Contas separadas ou conjuntas?: o Método RAIZ

BLASI, W. Should couples share bank accounts? Here's how many Americans say it's a bad idea. **MarketWatch**, 18 jul. 2024. Disponível em: https://www.marketwatch.com/story/should-couples-share-bank-accounts-heres-how-many-americans-say-its-a-bad-idea-8feoae5d. Acesso em: 4 ago. 2025.

GLADSTONE, J.; GARBINSKY, E. N.; MOGILNER, C. Pooling finances and relationship satisfaction. **Journal of Personality and Social Psychology**, [*s. l.*], v. 123, n. 6, p. 1293-1314, 2022. Disponível em: https://www.apa.org/pubs/journals/psp. Acesso em: 4 ago. 2025.

RAAJI, W. van; ANTONIDES, G.; GROOT, I. The benefits of joint and separate financial management of couples. **Journal of Economic Psychology**, Amsterdam, v. 80, p. 1-11, 2020.

CAPÍTULO 7: Investindo a dois: como construir um patrimônio juntos

ADDO, F. R.; SASSLER, S. Financial arrangements and relationship quality in low-income couples. **Family Relations**, Saint Paul, v. 59, n. 4, p. 408-423, 2010.

DEW, J. P. Debt change and marital satisfaction change in recently married couples. **Family Relations**, Saint Paul,v. 57, n. 1, p. 60-71, 2008.

OLSON, P. R.; RICK, S. Financial infidelity: Examining its relation to financial conflict, knowledge, and relationship satisfaction. **Journal of Financial Therapy**, Kansas, v. 11, n. 1, p. 1-17, 2020.

WONG, S. Couples and money: how finances affect relationship dynamics. **Financial Planning Review**, [*s. l.*], v. 1, n. 3-4, e1033, 2018.

PARTE 2
DINHEIRO PARA OS PAIS

CAPÍTULO 8: Como se preparar financeira e emocionalmente para ter um filho

BROWN, B. **The gifts of imperfection**: let go of who you think you're supposed to be and embrace who you are. Center City: Hazelden Publishing, 2010.

CONGER, R. D.; CONGER, K. J.; MARTIN, M. J. Socioeconomic status, family processes, and individual development. **Journal of Marriage and Family**, Saint Paul, v. 72, n. 3, p. 685-704, 2010.

GOTTMAN, J. M.; SILVER, N. **The seven principles for making marriage work**. Nova York: Crown Publishing Group, 1999.

GUDMUNSON, C. G.; DANES, S. M. Family financial socialization: theory and critical review. **Journal of Family and Economic Issues**, [*s. l.*], v. 32, p. 644-667, 2011.

SHONKOFF, J. P.; GARNER, A. S. The lifelong effects of early childhood adversity and toxic stress. **Pediatrics**, [*s. l.*], v. 129, n. 1, p. e232-e246, 2012

CAPÍTULO 9: Como os pais moldam a relação dos filhos com o dinheiro: exemplo é tudo

ANTONI, Z. L.; ROOTMAN, C.; STRUWIG, F. W. The influence of parental financial socialisation techniques on student financial behaviour. **International Journal of Economics and Finance Studies**, [*s. l.*], v. 11, n. 2, p. 72-88, 2020.

BLEAZARD, E. Financial literacy: from parent to child. **Family Perspectives**, [*s. l.*], v. 3, n. 1, p. 1-5, 2022.

BLEAZARD, J. The relationship between parenting styles and parental financial socialization. **Family and Consumer Sciences Research Journal**, Alexandria, v. 50, p. 3, p. 245-260, 2022.

FAN, L.; CHATTERJEE, S. Parents' financial socialization and children's financial behavior: The role of parental norms. **Journal of Financial Counseling and Planning**, [*s. l.*], v. 34, n. 1, p. 45-60, 2023.

GUDMUNSON, C. G.; DANES, S. M. Family financial socialization: theory and critical review. **Journal of Family and Economic Issues**, [*s. l.*], v. 32, n. 4, p. 644-667, 2011.

KNOWLES, J. The intergenerational transmission of future-orientedness. **Trends and Issues,** dez. 2024. Disponível em: https://www.tiaa.org/content/dam/tiaa/institute/pdf/insights-report/2025-01/tiaa-institute-the-intergenerational-transmission-of-future-orientedness-ti-knowles-jan-2025.pdf. Acesso em: 4 ago. 2025.

WHITEBREAD, D.; BINGHAM, S. **Habit formation and learning in young children**. Londres: Money Advice Service, 2013.

CAPÍTULO 10: Proteger ou ensinar?: o dilema financeiro dos pais

ANTONI, Z. L.; ROOTMAN, C.; STRUWIG, F. W. The influence of parental financial socialisation techniques on student financial behaviour. **International Journal of Economics and Finance Studies**, [*s. l.*], v. 11, n. 2, p. 72-88, 2020.

FAN, L.; CHATTERJEE, S. Parents' financial socialization and children's financial behavior: The role of parental norms. **Journal of Financial Counseling and Planning**, [*s. l.*], v. 34, n. 1, p. 45-60, 2023.

SI, M. Talk is cheap: how parents shape their kids' money skills. **LeBaron-Black**, 1 fev. 2024. Disponível em: https://lebaron-black.byu.edu/talk-is-cheap-how-parents-shape-their-kids-money-skills. Acesso em: 4 ago. 2025.

CAPÍTULO 11: Ajudar sem prejudicar: como apoiar os filhos sem criar dependência

ANTONI, Z. L.; ROOTMAN, C.; STRUWIG, F. W. The influence of parental financial socialisation techniques on student financial behaviour. **International Journal of Economics and Finance Studies**, [*s. l.*], v. 11, n. 2, p. 72-88, 2020.

FAN, L.; CHATTERJEE, S. Parents' financial socialization and children's financial behavior: The role of parental norms. **Journal of Financial Counseling and Planning**, [*s. l.*], v. 34, n. 1, p. 45-60, 2023.

SI, M. Talk is cheap: how parents shape their kids' money skills. **LeBaron-Black**, 1 fev. 2024. Disponível em: https://lebaron-black.byu.edu/talk-is-cheap-how-parents-shape-their-kids-money-skills. Acesso em: 4 ago. 2025.

CAPÍTULO 12: Momentos de crise: como lidar com dificuldades financeiras em família

ANTONI, Z. L.; ROOTMAN, C.; STRUWIG, F. W. The influence of parental financial socialisation techniques on student financial behaviour. **International Journal of Economics and Finance Studies**, [*s. l.*], v. 11, n. 2, p. 72-88, 2020.

NEPPL, T. K.; SENIA, J. M.; DONNELLAN, M. B. Intergenerational continuity in economic hardship, parental positivity, and positive parenting. **Developmental Psychology**, v. 52, n. 3, p. 386-397, 2016.

SI, M. Talk is cheap: how parents shape their kids' money skills. **LeBaron-Black**, 1 fev. 2024. Disponível em: https://lebaron-black.byu.edu/talk-is-cheap-how-parents-shape-their-kids-money-skills. Acesso em: 4 ago. 2025.

CAPÍTULO 13: Patrimônio familiar: o que realmente queremos deixar para nossos filhos?

BECKERT, J. **Inherited wealth**. Princeton: Princeton University Press, 2008.

KEISTER, L. A. Intergenerational wealth mobility and racial inequality. **Sociology of Education**, [*s. l.*], v. 73, n. 4, p. 282–297, 2000.

SCHERVISH, P. G.; HAVENS, J. J. The new physics of philanthropy: The supply-side vectors of charitable giving. **Nonprofit and Voluntary Sector Quarterly**, Charlotte, v. 30, n. 1, p. 5-25, 2001.

CAPÍTULO 14: Como investir de verdade para a família

BHARGAVA, V.; LOWN, J. M.; ROWE, B. R. Financial self-efficacy as a mediator between financial knowledge and financial behavior. **Journal of Financial Counseling and Planning**, [*s. l.*], v. 28, n. 1, p. 64-74, 2017.

GUDMUNSON, C. G.; BEUTLER, I. F. Relation of parental caring and financial socialization to young adults' financial behaviors and attitudes. **Family Relations**, Saint Paul, v. 61, n. 4, p. 718-731, 2012.

LUSARDI, A.; MITCHELL, O. S. The economic importance of financial literacy: Theory and evidence. **Journal of Economic Literature**, Nashville, v. 52, n. 1, p. 5-44, 2014.

SHIM, S.; SERIDO, J.; TANG, C. After the global financial crash: Individual and family functioning in the new economy. **Journal of Family and Economic Issues**, [*s. l.*],v. 34, n. 2, p. 127-131, 2013.

PARTE 3
DINHEIRO PARA OS FILHOS

CAPÍTULO 15: Crianças e dinheiro: a melhor idade para começar

BANDURA, A.; WALTERS, R. H. **Social learning theory**. Englewood Cliffs: Prentice Hall, 1977.

DREVER, A. I. *et al.* Foundations of financial well-being: Insights into the role of executive function, financial socialization, and experience-based learning in childhood and youth. **Journal of Consumer Affairs**, Columbia, v. 49, n. 1, p. 13-38, 2015.

GUDMUNSON, C. G.; DANES, S. M. Family financial socialization: Theory and critical review. **Journal of Family and Economic Issues**, [*s. l.*], v. 32, n. 4, p. 644-667, 2011.

SHIM, S. *et al.* Financial socialization of first-year college students: the roles of parents, work, and education. **Journal of Youth and Adolescence**, [*s. l.*],v. 39, p. 1457-1470, 2010.

CAPÍTULO 16: Mesada: como e quando introduzir?

LEBARON, A. B. *et al.* "Money over the edge": experiences of youth with parental financial socialization. **Journal of Family and Economic Issues**, [*s. l.*], v. 39, p. 258-272, 2018.

OTTO, A. Saving in childhood and adolescence: Insights from developmental psychology. **Economics of Education Review**, [*s. l.*], v. 33, p. 8-18, 2013.

WEBLEY, P.; NYHUS, E. K. Parents' influence on children's future orientation and saving. **Journal of Economic Psychology**, Amsterdam, v. 27, n. 1, p. 140-164, 2006.

CAPÍTULO 17: Ensinar a poupar e investir desde a infância

KIM, J.; CHATTERJEE, S. Childhood financial socialization and young adults' financial management. **Journal of Financial Counseling and Planning**, [*s. l.*], v. 24, n. 1, p. 61-79, 2013.

SHIM, S. *et al.* Pathways to life success: A conceptual model of financial well-being for young adults. **Journal of Applied Developmental Psychology**, [*s. l.*], v. 30, n. 6, p. 708-723, 2009.

SONUGA-BARKE, E. J. S.; WEBLEY, P. **Children's saving**: a study in the development of economic behavior. Mahwah: Lawrence Erlbaum Associates, 1993.

CAPÍTULO 18: Adolescentes e independência financeira

LUSARDI, A.; MITCHELL, O. S.; CURTO, V. Financial literacy among the young: Evidence and implications for consumer policy. **The Journal of Consumer Affairs**, Columbia, v. 44, n. 2, p. 358-380, 2010.

MANDELL, L. Financial education in high school. *In*: LUSARDI, A. (ed.). **Overcoming the saving slump**: how to increase the effectiveness of financial education and saving programs. Chicago: University of Chicago Press, 2008. p. 257-279.

XIAO, J. J.; TANG, C.; SHIM, S. Acting for happiness: financial behavior and life satisfaction of college students. **Social Indicators Research**, Amsterdam, v. 92, p. 53-68, 2009.

CAPÍTULO 19: Trabalho e responsabilidade: a relação com o primeiro salário

BROWN, A.; TAYLOR, K. Early influences on financial behaviour: Evidence from the British Household Panel Survey. **Journal of Economic Psychology**, Amsterdam, v. 62, p. 304-328, 2016.

FURNHAM, A. The saving and spending habits of young people. **Journal of Economic Psychology**, v. 20, n. 6, p. 677-697, 1999.

SERIDO, J. *et al.* Financial parenting, financial coping behaviors, and well-being of emerging adults. **Family Relations**, Saint Paul, v. 59, n. 4, p. 453-464, 2010.

CAPÍTULO 20: Ensinar investimentos para jovens: por onde começar?

LUSARDI, A.; MITCHELL, O. S. The economic importance of financial literacy: Theory and evidence. **Journal of Economic Literature**, Nashville, v. 52, n. 1, p. 5-44, 2014.

WALSTAD, W. B.; REBECK, K.; MACDONALD, R. A. The effects of financial education on the financial knowledge of high school students. **Journal of Consumer Affairs**, Columbia, v. 44, n. 2, p. 336-357, 2010.

HENAGER, R.; CUDE, B. J. Financial literacy and long- and short-term financial behavior in different age groups. **Journal of Financial Counseling and Planning**, [*s. l.*], v. 27, n. 1, p. 3-19, 2016.

CAPÍTULO 21: Formando adultos financeiramente livres

LUSARDI, A.; TUFANO, P. Debt literacy, financial experiences, and overindebtedness. **Journal of Pension Economics & Finance**, Cambridge, v. 14, n. 4, p. 332-368, 2015.

SHIM, S.; SERIDO, J.; TANG, C. After the global financial crash: Individual and family-level determinants of financial behavior. **Journal of Family and Economic Issues**, [*s. l.*], v. 34, n. 4, p. 408-418, 2013.

XIAO, J. J.; O'NEILL, B. Consumer financial education and financial capability. **International Journal of Consumer Studies**, [*s. l.*], v. 40, n. 6, p. 712-721, 2016.

Este livro foi impresso pela gráfica Grafilar
em papel lux cream 70 g/m^2
em outubro de 2025.